藍學堂

學習・奇趣・輕鬆讀

增訂版

一生平安的
保險規畫

教你分齡買對保險，兼顧理財和保障

吳鴻麟

著

推薦序 1 | 保險，保你和家人一生平安

鄭祥人 前中華民國保險經紀人商業同業公會理事長

很高興看到鴻麟在百忙之中，完成這本新作《一生平安的保險規畫》，書中透過淺顯易懂的解說，並且透過大量的圖表資料佐證，一一釐清許多人對保險似是而非的錯誤觀念，也提供讀者明確建議，規畫保單時應考慮的各項條件，並在經濟不景氣的當下，提出如何做好最佳 CP 值保險計畫，讓讀者能以小錢買對、買到大保障。此外，也勉勵有志從事保險業務人員，該如何讓自己成為優秀的保險專業顧問，以獲得客戶的信賴與敬重，實在是難得的著作。

我與鴻麟相識近 20 年，也曾在外商保險公司共事，對於他在金融保險業的專業知識及工作表現相當激賞。尤其他的好學上進精神，更是令人敬佩。

鴻麟畢業於政大法律系，工作之餘，又先後在政大保險研究所、台北大學商學院、台灣大學管理學院進修，取得財務金融金及商學碩士學位，精通法律、財務金融及商業行銷管理。

工作上，鴻麟從壽險公司的基層辦事員做起，歷練過核保、醫務調查、客服中心、保戶服務、稽核、團險、銀行保險等主管業務，之後升任為兩家壽險公司副總經理職位，也曾擔任兩家金控銀行保經代公司總經理職務，在保險專業領域裡從內勤行政、企畫、業務都有涉獵，資歷非常完

整；之後還被挖角到金控銀行總行擔任總處長、資深副總經理職務，創下傲人績效。

在金融業，能有像鴻麟這樣的專業學歷與完整資歷者，實屬少見。

因此，這次在《商業周刊》出版的《一生平安的保險規畫》書中，透過他專業背景的抽絲剝繭，將過去民眾對保險存在的疑惑問題，一一深入淺出的解答，我想這是民眾的福音，也是值得我們保險業高興的事。

這本書是鴻麟犧牲假日及休息時間的創作，也是他對保險志業的熱愛與使命感所趨，非常值得關心自己的保險規畫，或還在猶豫不知如何幫自己或家人安排保險計畫的人閱讀，讀者可以在書裡清楚找到答案、理出頭緒，進而幫自己和家人做好《一生平安的保險規畫》。

這本書也非常適合保險從業人員閱讀，可以從書中不同環節的印證資料，包括政治、社會、經濟、人口、醫療、投資環境與市場等等，去解答客戶不買保險的迷思，讓保險行銷工作能更順利，而且利人利己。

最重要是，可以深刻感受到鴻麟透過本書所傳達的理念：保險行銷是一份志業，也是一份使命，一張保單、一世承諾。因此，我極力推薦這本值得一讀的好書，也期待經由這本書的引導，每一個人和家庭都能找到優質的保險業務顧問共同規畫、建構好完整的保險防護網，而能安安穩穩地享有一生平安幸福。

推薦序 2 ｜ 保險，是民生必需品

李佳蓉 磊山保險經紀人（股）公司首席顧問

「保險」是大家都知道，但其實不明瞭的民生必需品。

在資訊爆炸的言論自由的時代，正面及正確的資訊的評估審視能力更加的重要，所以看見此書出版，佳蓉非常欣見及感動於吳鴻麟董事長的用心和對保險的愛，這是在愛中看見自己的責任，才能有此書的誕生。

吳董事長運用自身專業，結合美國壽險管理師、客戶服務管理師、核保、理賠等專業證照及實務經驗，協助讀者了解保險的真諦：到底保險能發揮什麼功能？又為什麼要買保險？為何它是民生必需品？

佳蓉從事保險業近 30 年，有一些客戶的聲音一直存在著，或許也是存在您心底的聲音，例如：

1、是的，風險無所不在，但不會發生在我身上。

2、不保沒事，保了就有事。

3、我自己一個人沒有家累，不需要買保險……

本書打破我們常聽到的保險迷思，協助讀者能有正確的保險觀念，進而規畫適切的保單。讓讀者從「需求分析」角度，了解自己是不是能透過這些保險規畫讓自己和家人免除「走得太快」、「活得太久」、「走不掉」的風

險，更能確保自己和家人「一生平安」，這也是吳董事長出版這本書的最大目的。

保險是愛、責任、與關懷。以愛為出發，以保險守護著最愛的人。

從事這份志業，更有深刻體悟的江朝國博士曾寫道：「任何一張保單的簽定，都代表一件功德；任何一個案件的理賠，都是慈悲的布施。」是的，「保險」就是一份濟世助人的志業；「保險」也守護著千家萬戶的幸福，而吳董事長能在這個時候，用近 30 年的專業底蘊結晶匯集成此重要的書籍，更是對於這社會更大的功德，讓更多的人能被保險守護，也提供保險從業人員能擁有正確的價值定位去守護每個家庭。

祝福正在閱讀此書的您，相信透過此書，可以協助您了解保險的意義與功能，並擁有一生平安的正確規畫；或是正是壽險從業人員的您，能成為一位守護每個家庭的保險天使！

推薦序 3 | 保險工作，是利人又利己的事業

莊中慶 台灣人壽保險股份有限公司總經理

在一生中，有些事令我感到特別喜樂，其中之一，就是見證好友從追求事業的成功，進而創造社會價值與造福人群。

鴻麟先生畢業於政治大學法律系，後於台北大學商學院和台灣大學管理學院碩士在職專班（EMBA）進修，先後取得「財務金融」及「商學」碩士學位。工作經歷曾在保險業擔任核保、理賠、業務員及銀行業等金融服務業；目前經營保險經紀代理公司，金融保險背景雄厚，資歷堅強。

鴻麟先生是保險領域的踐行者，帶給許多家庭滿意的保障。同時，他更樂於分享，勤於寫作、出版書籍，接受媒體採訪，擅長用白話、案例講解、普及保險知識。

本書對讀者來說是一大福音，做為好朋友的我，感到與有榮焉！套用鴻麟先生恩師江朝國先生的經典語錄，「保險是一種科學的布施制度，保戶透過保險制度自助助人，是一種不著相的布施，功德無量。」

鴻麟先生累積幾十餘年保險銷售之經驗，站在消費者的角度看行業，從過往銷售保險產品的實踐中，淬鍊出完整的保險規畫建議。

他在書中所舉的案例，是根據人生不同週期存在的不同元素和需求，讓讀者了解不管是保險、理財或資產規畫，都是一個動態的，而不是一勞永逸的靜態需求，必須隨著年齡、家庭結構、經濟能力、甚至是政府的醫

療、老人等社會政策不斷檢視，並做最適當的因應，調整不同的保險規畫方向與商品組合，這樣才有辦法在無法預測的風險來臨時，降低衝擊造成的損害。

鴻麟先生也與所有保險從業人員共勉，必須要能與時俱進，學習善用服務工具，才能「利人利己」。如果你的銷售經驗還不是特別豐富，本書能得到破除保險消費者迷思的答案，更好地為其服務；如果你的銷售經驗足夠豐富，本書能提高您的專業水準，幫客戶解決疑難雜症時更加得心應手！

我們在有意無意間，選擇過著或漫無目標、或自我中心、或具影響力的生活。這些抉擇對我們是否能實現人生目標、並得到滿足感造成巨大的衝擊，也會深深地影響我們所愛的人和未來的世代。

我相信，本書可激發並鼓勵讀者找到《一生平安的保險規畫》，期待周遭可能因您的改變而蒙福。建議您細讀本書，思想其中的各種情境和解決的方法，調整您的生活。如果能身體力行，您將會經歷到真正滿足及平安的人生，並掌握活出有目的、具有影響力的人生秘訣。

不論您現今在哪個階段，本書都會給您滿意的解答。

共同推薦 |（依筆畫順序排列）

鴻麟兄的熱愛保險與持續學習成長，一直是我敬佩與學習的對象。

有幸先拜讀他的大作，發現本書匯集許多專業且實用的保險建議，更透過延伸閱讀提供許多保險時事分享、保險小知識，以及法令或稅法的解析。更可喜的是，諸多數據與表格的整理，對不論是一般消費者或保險從業人員來說，都可從書中找到自己切身須解惑的問題與答案，真是一本深入淺出的保險知識寶典！

～吳滻如 法國巴黎銀行亞太區委外管理主管

吳董事長以銀行、保險領域的豐富資歷及對於保險的獨到見解，將保險以更輕鬆、易懂的方式帶給大眾，讓更多人了解保險對個人、家庭、社會的重要性。

～李正之 台名保險經紀人（股）公司董事長

無形、無色、無味的保險，在鴻麟兄的分析之下，能全方位彌補死得太早的遺憾、也能確保活得太久的尊嚴。對消費者，是一完整的知識書；對

保險從業員，更是圓滿服務，必備的工具書。

～ 李崇言 法國巴黎人壽中國區總負責人

　　鴻麟是一位對工作充滿熱忱且樂於分享的人，不管在任何職位、做任何事都是全力以赴，他一直在金融保險的領域有不凡的成就。以鴻麟專業又積極的態度，這本書一定能夠讓大家了解保險的真諦，且讓保險解決我們承擔不起的風險。

～ 李淑芬 錠嵂保險經紀人（股）公司董事長

　　希望自己和家人一生平安，相信這是每一個人的願望，但鴻麟兄在本書中藉由實證資料，一再提醒「走得太快」、「活得太久」、「走不掉」的風險，會隨著人生週期如影隨形威脅著我們，保險雖然無法讓風險不會發生，但卻是可以避免或減輕風險發生時造成的損害與衝擊，這是一本適合一般讀者與保險從業人員閱讀的書，我推薦大家買回去細細閱讀，一定會有很大的收穫。

～ 張烱銘 中國人壽保險（股）公司資深副總經理

　　上善若水，水善利萬物而不爭，最能貼切形容吳董事長做事做人的原則，本次出書大做為保險從業人員幫客戶規畫保險的最佳工具書，將其多

年的壽險經驗不吝與大家分享，可敬可佩。

～ **陳文勇** 台灣人壽（股）公司副總經理

　　與吳鴻麟董事長一樣，在金融業服務逾 25 年以來，一直著力於「如何將民眾認為複雜的金融保險簡化，讓民眾能夠輕鬆理解」，看到吳董事長以深入淺出的筆觸，讓讀者了解保險的意義與目的，相信定能釐清大眾對保險既有的迷思。

　　生、老、病、死是人一生中的必經旅程，而保險在這個旅程中扮演的是風險移轉的角色，將生老病死可能為家庭或家人帶來的痛苦與損失降低。吳董事長在書中以「人生草帽圖」，清楚地分析人生的各個階段，讀者們可依據這張圖為自己規畫保險，減輕風險所帶來的影響並且對於風險管控更能夠掌握。

～ **戴朝暉** 法國巴黎人壽（台灣區）總經理

　　人生有太多不確定的風險，如何建構一張完整的保險防護網，是人人所企求的。但「買對」保險真的是一門太高深的學問，非常敬佩吳董事長在百忙中，仍不吝分享他多年的壽險經驗，以深入淺出、平易近人的筆調，去除保險迷思，並傳授正確規畫保單的秘笈。這是一本值回票價的好書，非常推薦大家人手一書。

～ **薛淑梅** 前第一金證券投資信託公司董事長

推薦序

前言

Part I

迷思篇
保險真的能保一生平安嗎？　030

Part II 規畫篇
分齡保險術，買對需要兼顧理財規畫 098

樂齡專篇

高齡台灣，
四、五、六年級生要做的5項功課 173

前言｜有「保險」有保庇？

有「保」有保庇？**為什麼這時候要談保險？**主要有 3 大理由：

理由一、台灣經濟成長趨緩

台灣有句俚語：「生吃攏嘸夠，擱有通曝乾？」意思是指種植生產的蔬果欠收，要現吃都不夠了，怎麼可能還有多餘的食材可以曝乾、醃漬，留著以後食用。

所以，很多人會認為現在的經濟環境不好，收入不穩定，應該要量入為出，保險並非民生必需品，「當省則省」。換句話說，買保險會增加個人或家庭支出，是不是等經濟寬裕些再考慮？

有這樣的想法到底對不對？讓我們先來回顧台灣的經濟發展歷程，再作結論。

從主計總處公布的經濟成長率（GDP）來看，大致可區分為三個階段，第一階段是 1963 至 1980 年間，整體經濟成長率平均值在 10% 以上；第二階段是 1980 至 2008 年間，經濟成長率落在 5% 至 10% 之間；至於第三階段則是從 2008 年至今，經濟成長率一直處在 5% 以下（見圖 0-1）。

圖 0-1：台灣經濟成長示意圖（1962 年至今）

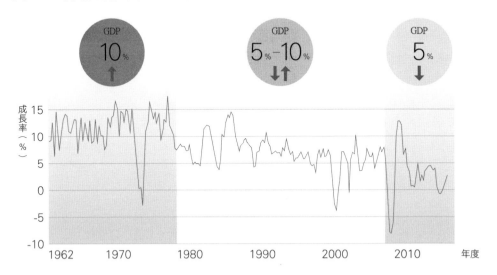

種種數據顯示，經濟疲弱不振的現況，短期內似乎看不出有好轉跡象，最直接影響的是上班族的薪資停滯，甚至基層勞動者的工資倒退到 20 年前的水準。

就業機會愈來愈少，加上物價上漲，上班族或勞工階級在都會區辛苦打拚一輩子，也買不起一間小套房。於是我們常聽到衡量生活品質不滿意的「痛苦指數 *」（見圖 0-2）也愈來愈高。在這種經濟壓力下，要民眾省吃儉用再擠出一些錢來買保險，確實相當辛苦。

痛苦指數（misery index）
指的是通貨膨脹率與失業率的加總。通膨會使所得縮水，而失業會使所得無著，藉由這兩者的加總成痛苦指數，可以反映民生的痛苦情況。

圖 0-2：台灣近 10 年經濟成長 VS. 痛苦指數走勢圖

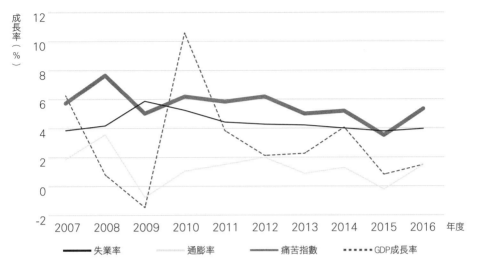

在這樣的環境下，網路、媒體出現不少名嘴、保險達人，傳達一些似是而非的聲音與觀念，灌輸、提倡民眾不需要買保險的言論。

這些「專家們」可能連保險的基本知識都沒有，但卻一直在宣導「自保」比「買保險」重要，只要把身體鍛鍊好，有「健保」＋「保健」就夠了，不需要浪費錢去買保險。

我很憂慮這樣「眾口鑠金」、「以訛傳訛」的傳播力量，萬一讓真正需要保障的家庭或個人因此誤信而忽略了保險的重要性，等於是把自己一步步推向危險的斷崖。

儘管每個不想買保險的人都有充分理由，但有些是用來搪塞業務員的「假理由」，例如我老婆反對，事實上從未與老婆討論過；有些則是心中仍對

保險存疑、不信任的「真理由」，因而排斥、抗拒買保單。

　　對於那些假理由，市面上有很多破解的行銷話術和書籍，也不是我想要在這本書中討論的，但那些存在民眾心中的真理由，才是我比較關切的重點，也希望藉由這本書能幫大家解開心結，真正去剖析保險的真正意義和功能。或許，能有讀者看了這本書後改變想法，就不會枉費出版這本書的目的。

理由二、國際政經風險增加

　　有人說：「保險制度是人類最偉大的發明。」但除非自己有過受惠於保險救助的親身經歷與切身之痛，否則這句話仍像是一句宣傳口號，很少人會覺得因為「需要」而主動去找業務員詢問保險，甚至會質疑「為什麼要買保險？」

　　事實上，「保險」的價值在於「風險（risk）」的存在，沒有「風險」發生的可能性，就不需要有「保險」。

　　但「風險」的存在，不僅僅是單一個人的「主、客觀因素或條件」，往往伴隨的還有外在大環境的「政治、經濟、社會」等問題，錯綜複雜。就像騎車出門，並不是自己遵守交通規則就不會出事，還是有可能因為其他用路人車不守交通規則，而發生意外事故。

　　因此，討論「為什麼要買保險？」之前，我們先從近 10 年造成全球政治、經濟、社會動盪的問題談起。

　　2007 年美國爆發「二房事件」[1]債券危機之後，緊接著 2008 年全球四

大投資銀行之一的「雷曼兄弟」破產清算，全球金融體系出現空前危機，成為引發全球金融海嘯的導火線。

緊接在後的冰島破產、歐豬五國（PIIGS，葡萄牙、義大利、愛爾蘭、希臘、西班牙五國的英文字首縮寫）的國債無法清償，也開始攪亂整個歐洲市場，剛從 2000 年亞洲金融風暴中脫身的亞洲各國，馬上又面臨重擊，骨牌式效應幾乎無一倖免，真的應證了「世界是平的」理論。

美國聯邦準備理事會（The Federal Reserve System，縮寫 FED，簡稱「聯準會」）為了拯救美國經濟危機，實施一波波的「量化寬鬆（QE）」[2] 政策，此舉也引發全球央行進行貨幣競貶，形成另一樣態的世界大戰，只是這次使用的武器是「貨幣」，而不是導彈，但對各國經濟的影響和破壞力卻比導彈大上千百倍，尤其對依賴出口貿易的國家更是嚴峻考驗。

俗語說：「福無雙至、禍不單行。」繼經濟問題後，各國政治局勢也呈現不穩定狀態，引領全球政治經濟政策的主要國家領袖，先後在大選中落敗，主張保護主義的候選人脫穎而出，2016 年甚至出現市場上最大的兩隻「黑天鵝」[3]，即英國脫歐與川普當選美國總統。

（註 1）二房事件：指美國政府贊助企業（GSE, Government Sponsored Enterprise）中前兩大住房抵押貸款公司：房利美（Fannie Mae）與房地美（Freddie Mac），主要業務是在美國房屋抵押貸款二級市場中收購貸款，並通過向投資者發行機構債券或證券化的抵押債券，以較低成本集資賺取利差。

（註 2）量化寬鬆（Quantitative easing，簡稱 QE）：一種貨幣政策，由一國的貨幣管理機構，通常是中央銀行透過公開市場操作，提高實體經濟環境中的貨幣供應量，使得利率、匯率下滑，讓國家貨幣跟著貶值。俗稱「印鈔票」。

（註 3）黑天鵝（The Black Swan）事件：是指極不可能發生，卻又實際發生的事件。因為它出乎一般的期望範圍，過去的經驗讓人不相信其出現的可能，一旦發生可能會帶來不可預知的極大衝擊。

　　緊接著，2017 年約占歐盟經濟 40％的歐洲主要國家，也即將舉辦大選，保護主義候選人一樣占上風，歐債問題可能再捲土重來，政治風險讓往後 3 至 5 年的全球經濟發展，更增添不確定性。

　　這些看似與我們不相干的國際政治、經濟問題，事實上牽一髮而動全身，因為台灣的經濟仍然高度依賴出口貿易，保護主義將對台灣產業相當不利，進而影響到政府的歲收、產業發展，以及民眾的所得等，導致薪資倒退、失業率升高、就業率偏低、通貨膨脹、利率下滑、匯率波動、股市交易清淡等等……都與我們的生活息息相關。一旦個人或家庭因突發事故出現收入中斷，或增加無預期的費用支出，將會嚴重衝擊原本的生活與計畫，這些恐怕都不是憑我們一己之力就可以解決。

理由三、人口結構老化衝擊

　　除了受全球政治、經濟問題影響之外，台灣還即將面臨社會結構人口老化及少子化的衝擊，由於養兒育女的責任壓力增大，使得許多新婚夫妻不願多生小孩，甚至不敢生。

　　台灣的生育率創全球新低，2017 年起 14 歲以下幼年人口已少於 65 歲以上高齡人口，少子化問題使得台灣的「人口紅利」[4]已不復存在，未來的老人安養、照顧與醫療問題，對個人與家庭也會是沉重的負擔，這樣的時

（註4）人口紅利：指在一個時期內，生育率下降且老年人口比率未達高水平之前，勞動人口必須扶養幼齡及老年人口比率較小的狀態，形成一個勞動總人口數較多，有利於國家經濟發展的黃金期。

間表已經迫在眉睫。

　　早在 1993 年，台灣就邁入「高齡化社會[5]（aging society）」，2018 年已成為「高齡社會」，到了 2026 年就是「超高齡社會」，總人口中 20％為 65 歲以上。也就是說，走在街頭的每 5 個人就有 1 個是老年人（見圖 0-3）。

圖 0-3：台灣高齡人口變動趨勢

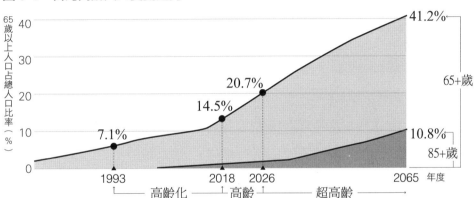

備註：因高齡人口數不受出生假設之影響，故高、中及低推估老年人口變動趨勢差異不大
資料來源：國家發展委員會「中華民國人口推估（2018 ～ 2065 年）」，2018年8月

　　台灣從「高齡社會」進展到「超高齡社會」，只有短短的 8 年時間，比日本的 11 年、美國的 14 年、法國的 29 年、英國的 51 年快上許多，但也表示解決問題的時間表更少，未來高齡人口可能面臨的健康、醫療、安

（註5）高齡化社會：依據聯合國世界衛生組織定義，指一個國家 65 歲以上人口占全國總人口數達 7% 以上；「高齡社會」指一個國家 65 歲以上人口占全國總人口數達 14% 以上；「超高齡社會」指一個國家 65 歲以上人口占全國總人口數達 20% 以上。

養、照護問題，如果不及早準備，嚴重性將更甚於現在遇到的經濟困境。

　　古代先人知道無法掌握天災地變的資訊，更認為「天有不測風雲、人有旦夕禍福」，因此有官倉、義倉「積穀防飢、未雨綢繆」的觀念與做法，並透過親族、家族、鄰里的互助的方式，解決這些不確定的風險。

　　現代商業社會雖已無法如古代族人比鄰而居，但依然可以學習老祖宗的智慧，而這些方法的本質與內涵就是現代的「保險」機制，**保險本身就是自助互助的設計，透過所謂「大數法則」的精算方法，讓所有參與保險的人，共同分攤個人可能面臨的風險。**

　　從「搖籃到墳墓」是每個人一生都必須經過的歷程，不同的人生週期，每個人有不同的角色扮演、不同的責任負擔，但無可避免，每個人也都必須面對始料未及的三大風險：**「不知道明天和死亡哪一個會先到來」的「走得太快」風險；因為「錢花完，人還沒走的」的「活得太久」風險；「久病臥床，無語問蒼天」的「走不掉」風險。**任何一種風險發生，就可能毀掉我們辛苦建立的家園，失去我們摯愛的親人，以及我們寶貴的健康與生命，甚至連累我們的家人與子孫，尤其在經濟上的損失與負擔，恐怕是大部分人無法獨力承擔的。

　　到底保險能發揮什麼功能？為什麼要買保險？網路上流傳一段簡單也很貼切的話：

　　總覺得買保險沒有用？！
　　你沒買保險沒出事，那是萬幸；沒買保險出了事，就是悲劇；
　　買了保險沒出事，那是幸福；買了保險出了事，就是慶幸。

保險能做到：不出事錦上添花，出了事能雪中送炭。

買保險不能改變現在的生活，而是防止未來的生活被改變！

是的，如果我們沒辦法獨力承擔風險損失，沒有家族財富庇蔭，沒有人脈可以依靠，

保險就是唯一可行的方法。

本書要肯定地告訴讀者，的確「有保」有「保庇」；「沒保」……只能「賭運氣」。

但也不是「有保（險）」就一定沒事，**錯誤或不適當的投保規畫，不但沒有幫助，還可能適得其反，增加自己的財務負擔，甚至造成無謂的損失**。

因此，保險不是「有買」就好，本書要讓讀者從「需求分析」角度，了解自己是不是「買對」、「買到 CP 值最高」的保障，透過這些保險規畫能不能讓自己和家人免除「走得太快」、「活得太久」、「走不掉」的風險，更能確保自己和家人「一生平安」。

本書第一部分「迷思篇」，整理出常聽到拒絕買保險的 10 大理由，並逐一解答讀者心中的疑問，認清保險的本質與功能，避免「人云亦云」，輕忽自己可能面臨的風險，而耽誤投保的黃金時間，造成家庭或個人無法彌補的傷害與損失。

第二部分「規畫篇」則分成「人生五大週期與需求」及「保單規畫」兩部分說明，先從人生不同階段所必須肩負的個人與家庭責任，進而分析不同的理財與保障需求，再從需求中探討如何透過「風險規畫」、「理財規畫」及「資產規畫」來達到保障、創富及資產傳承目的。

　　清楚自己的需求和保障的缺口之後，再教大家如何根據自己的經濟能力，利用 CP 值最高的保險產品組合，來達到不同階段的需求與規畫目標。希望能協助讀者做好「一生平安的保險規畫」，不要因為風險事故來臨，而改變了個人和家庭的生活。

　　第三部分「樂齡專篇」，主要是針對 40 ～ 60 年次的國人，即將面臨人口老化、少子化、軍公教勞工退休金改革、健保醫療及長照資源短缺等衝擊，可能造成未來退休安養、醫療、長期照顧準備不足的重大缺口，而成為「下流老人」的社會問題，提出四、五、六年級生要做的 5 項功課，及早做好相關的保險計畫，才能享有「健康、富足、尊嚴、優質」的老後生活。

　　最後，在本書的「後記」，筆者也將以自己近 30 年的金融保險工作經驗，談談一個優秀保險業務員的養成應具備的條件與習慣，可以做為讀者選擇保險業務員的標準。

　　當我們希望透過這些保單來保障家庭的未來，過去拉保險的「人情保」觀念和做法，不應該存在於現代社會，因為一個不具專業、尤其以佣金多寡為銷售導向的業務員，是沒辦法幫我們完成適當規畫的。

　　出版本書的最終目的，一方面希望透過個人的經驗解說，釐清一般人心中對保險的錯誤迷思，讓讀者對保險有正確認知，進而規畫最合乎自己需求的保障組合；更希望保險業務員也能本於神聖的職業道德與專業精神，幫所有保戶做到最妥適、CP 值最高的投保建議，建構完整的保險防護網，讓所有的保戶都能擁有一生平安的保險規畫。

一張圖看懂保單分類

　　保險的種類繁多，若非保險專業人員，很少能一窺全貌，更不用說要清楚各個險種所保障的內容和條件，2017 年發生的蝶戀花遊覽車翻覆意外，單單一個旅行社「責任保險」、個人「旅行平安險」的區別和理賠條件，造成媒體輿論沸沸揚揚的討論，相信大部分的人看了一定還是霧煞煞。

　　一般來說，保險可以簡單分為人身保險與財產保險兩大類。

　　財產保險又稱「產物保險」，以財產為保險標的，指因各種危險事故發生所致財產之毀損或滅失，以及對第三人之損害賠償責任等損失，以金錢、實物（勞務）做為補償之保險。種類包括火災保險、海上保險、陸空保險、責任保險、保證保險及其他經主管機關核定的財產保險。

　　本書內容主要是針對人身保險部分，為了讓讀者閱讀本書時，對內文提到的商品，有一個基本的概念，簡單介紹如下：

　　1. 人壽保險：係以被保險人的生命或身體為保險標的，並以「生存」或「死亡」做為事故，當被保險人發生保險事故時，保險公司依約定給付一定金額的保險金。

　　⑴生存保險：「生存保險」是指被保險人在保險期滿時仍生存者，由保險公司依照保單內容，給付「生存保險金」，又稱「滿期保險金」或「祝

壽金」。由於生存保險金之給付，主要是要保人在保險期間所繳付之保險費，累積儲存生息而得，故生存保險又稱「儲蓄保險」。

(2)死亡保險：死亡保險依其保險契約的期間，可分為「定期保險」與「終身保險」兩類：

‧定期保險：又稱「定期壽險」，係指在保險契約中，約定一定期間為保險期間，倘若被保險人在保險期間內死亡或全殘，保險公司即依約定給付死亡保險金或全殘保險金；反之，若被保險人於保險期間屆滿後仍生存時，則保險契約即終止，保險公司無須給付保險金，所繳保險費亦不退還。

‧終身保險：終身壽險與定期壽險之差異，在於提供被保險人終身的死亡保障；但與定期壽險相同的是，只有在被保險人死亡時才會給付保險金予受益人。依保險費繳納方式，可分為下列3種型態：終身繳費終身壽險：即要保人一直繳費至被保險人死亡為止。限繳保費終身壽險：即保險費之繳交僅限於一定特定期間，例如10年、20年或30年繳費。或者繳費至某特定年齡，如繳費至要保人或保險人滿65歲時為止。薑繳終身壽險：要保人於契約成立時，一次繳清所有保險費，以後即不再繳費。

(3)生死合險：又稱「養老壽險」或「儲蓄壽險」，顧名思義是死亡保險與生存保險之結合，兼具死亡保障與儲蓄功能。被保險人在保險契約有效期間內，且至期滿時仍生存，保險公司依約定，給付滿期保險金。被保險人於保險契約有效期間內死亡，保險公司依約定，給付死亡保險金。

2. 健康保險：保險公司於被保險人疾病、分娩，及其所致殘廢或死亡時，負給付保險金之責。種類包括：住院醫療保險、癌症保險、重大疾病保險、長期看護保險、失能保險、豁免保險費附約。

3. 傷害保險： 保險公司於被保險人遭受非由疾病引起之外來突發事故，所致殘廢或死亡時給付保險金之責，又稱「平安保險」或「意外保險」。種類包括個人傷害保險、傷害失能保險、旅行平安保險。

4. 年金保險： 保險公司的商業年金保險，係「保險公司承諾在被保險人生存期間或一定期間，定期給付契約金額的一種契約」，或者是「對個人在特定期間或生存期間繼續提供定期性給付金額的制度或契約」。年金的種類可區分為：傳統型年金保險（又分即期年金保險及遞延年金保險）、利率變動型年金保險、變額型年金保險。

5. 投資型保險： 結合「保險」與「投資」兩種特性，除提供被保險人死亡或生存之保險保障外，要保人所繳保費依約定方式扣除保險人各項費用，並依要保人同意或指定之投資分配方式置於專設帳簿中，與保險公司之其他資產分開設置單獨管理之，所產生之投資淨收益損失均由要保人直接承擔，但也有些保險單會約定由保險公司部分承擔投資損益風險。

台灣的投資型保險有 3 種型態：變額壽險、變額萬能壽險、變額年金。前兩者屬於人壽保險，有死亡保險金額的約定，因此，保險公司會依照「壽險業經驗生命表」計算每一個被保險人死亡風險的「危險保險費」；後者為生存保險，不會計收危險保險費。

要特別提的是，目前傷害險、健康險兩大類型，產險及壽險公司皆有銷售部分險種，例如癌症險、重大傷病險、個人及團體意外險、旅行平安險等等，讓投保人可多一種選擇。但產險公司的商品都是 1 年期，且無保證續保機制，優點是保費相對較便宜，如果妥善搭配，可發揮更大的保障效果。

以上所述保險分類，可詳見圖 0-4。

圖 0-4：保險分類示意圖

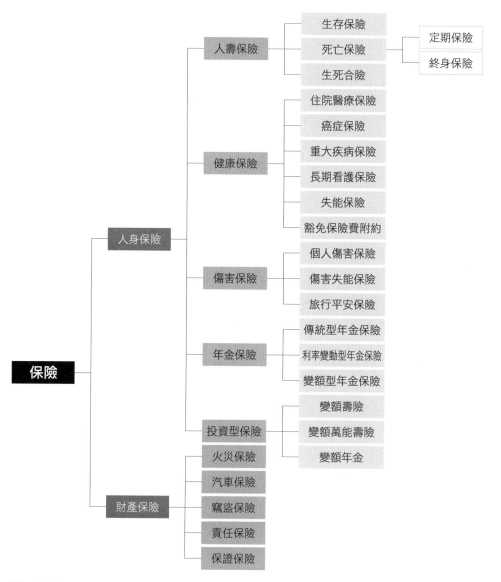

備註：投資型保險可能為人壽保險或年金保險，為方便閱讀，本書特別區隔出來

PART

I

迷思篇

保險真的能保一生平安嗎？

人生在世，不外乎「生、老、病、死、殘」這五件大事。

這五件大事，也意味著人生面臨：生而早夭，遺願未了的「死亡風險」；病殘折磨，需錢醫療的「健康風險」；活得太長，沒錢養老的「長壽風險」；以及規畫不及，無法安息的「善終風險」。

或許有人會認為這些人生課題，是逃避不了的風險。但真的只能聽天由命，接受命運的安排嗎？

答案當然是否定的。所以，人們存錢、養生、保健、互助、積極理財……這些或許可以解決部分問題，但卻無法「同時」規避所有的風險。在我認為，目前最好也是唯一可以做到的方法，就是「保險」制度，唯有及早因應、妥善規畫，才能擁有一個平安幸福的人生。

台灣的人壽險滲透率世界第一

根據統計，2017 年台灣的壽險投保率 * 已經高達 246.04%[6]，也就是說平均每位台灣人有 2.46 張保單，人壽保險滲透率 * 達 19.54%[7]，高居「世界第一」。

這代表什麼意義？是台灣已邁入世界保險先進國家之列嗎？是代表民

眾的保險專業知識充足？或者是保障已經足夠？還是投保人清楚自己買的是什麼商品？相信這一大串問題馬上會在我們的腦海中浮現，但卻很少有人可以給出答案。

理論上，世界第一的人壽保險滲透率，民眾對於保險觀念的認知應該非常先進，對保險的接受度也應該很高。

但隨著網路發達，以及資訊傳播的快速滲透力，有一群自稱「保險達人」的部落客或網紅專欄作家，一直在傳播要民眾多存點錢「自保」比「買保險」重要的觀念。在現時經濟景氣低迷，民眾收入有限狀況下，這樣的聲音確實強化了一些人拒絕買保險，或者拒絕某些類型保險的正當理由。

如果再深入分析可以發現，台灣的人壽保險滲透率位居「世界第一」的架構基礎是很薄弱的。

2017 年台灣的保險普及率＊是 293.25％，以主計總處公布 2017 年國民平均所得 64 萬 8,677 元 [8] 換算，台灣每人平均壽險（含年金）保額約為 190 萬元。仔細想想，以現在的生活水平和消費物價，這樣的保障夠嗎？

（註 6）參閱 2019 年 1 月 30 日財團法人保險事業發展中心編印「2017 年台灣壽險業市場概況」。

（註 7）據統計，台灣 2017 年的人壽保險滲透率 19.54％、產險滲透率 0.9％，總計 20.44％。

（註 8）參閱行政院主計處「國民所得統計摘要（2018 年 12 月更新）」。

小辭典

1. 投保率：人壽保險及年金保險有效契約件數對人口數之比率。投保率＝保險契約數÷全國人口數。
2. 滲透率：保費收入對 GDP 之比率。
3. （保險）普及率：人壽保險及年金保險有效契約保額對國民所得之比率。

　　美國壽險管理協會（Life Office Management Association，簡稱 LOMA）投保指南建議，每人壽險保額應以年所得 7 至 10 倍為原則來看，台灣每人平均保額應該要有 436 萬元至 624 萬元才足夠，目前平均保額 180 萬元明顯偏低，僅達應有保障的三成至四成左右。這些保額當中，尚有不少是近十幾年來銀行積極銷售的類定存及投資型保單，這些保單的保額與所繳的保險費相當，並沒有保障的功能，若是扣除這些保單，真正平均壽險保額恐怕比 190 萬元更低。

　　若以目前台灣的生活及物價水準實際換算，萬一被保險人發生變故死亡，獲得 190 萬元的保險理賠金，光是喪葬費用可能就得花掉其中一大半的金額，剩下約 100 萬元的理賠金，對家庭未來的保障的確嚴重不足，如果家中還有未成年子女及房屋貸款，每年的保母費、教育費與房貸利息等沉重負擔，光想就讓人頭皮發麻。

　　因此，我們樂見也肯定「專家們」呼籲投保人在有限的預算下，增加純保障額度的重視。增加平均壽險保額、提高死亡保障，應視為推動保險優先要務，除了民眾的認知及保險從業人員都需要積極宣導與推廣外，傳播媒體及專家意見更能發揮快速、廣大的影響力，第三方專業意見效果更有甚於保險從業人員「自吹自播」。

長壽風險衝擊更大

　　在此同時，台灣正面臨一個比死亡更大的風險，就是人口結構快速老化及少子化，國民的平均壽命延長，扶老比快速惡化，讓「長壽風險」成為

更大的危險事故。

因長壽風險帶來的老人安養、醫療、三失（失能、失智、失依）長期照顧等問題，將會衝擊戰後嬰兒潮（1946 年至 1964 年出生）[9]以後的世代，若是無法透過保險的機制轉移這些風險，對家庭所造成的影響程度將不亞於死亡風險。

如果我們所傳達的保險觀念，讓民眾認知保險功能只偏重在保障死亡風險，那麼「長壽風險」恐怕是純死亡保障保單所無法解決的風險。

因此，大家對於保險的觀念也必須跟著改變，所謂保險，並不只是在保障「死亡或殘廢」的風險，因為「長壽」產生的風險，也一樣需要關注。鄰國日本目前面臨的問題，就是我們的前車之鑑。

「下流老人」是日本在 2015 年出現的新名詞，日本社會學者藤田孝典所寫的《下流老人》一書中指出，根據日本國民生活基礎調查，個人生活所得一年未達 122 萬日圓（約台幣 33 萬元）；兩人的家庭低於 170 萬日圓（約台幣 46 萬）；三人家庭低於 210 萬日圓（約台幣 57 萬）；四人家庭低於 245 萬日圓（約台幣 66 萬）者，就屬貧困階級。

《下流老人》書中真實記錄著日本埼玉縣退休老人生活困頓的悲慘故事。這些人包括餐館師傅、工廠技術員、銀行員、大企業職員，年輕工作時收入穩定，但退休後卻被接踵而來的醫療費用、高漲的日常生活費用壓垮，不到 10 年時間就幾乎花光畢生積蓄。

(註9) 依美國退休協會定義，戰後嬰兒潮指 1946 ～ 1964 年出生的人。

　　藤田親眼目睹的日本「下流老人」，一天只能吃一頓飯、拿廉價小菜到收銀檯前排隊。他們付不出醫藥費，只能在家中服用成藥；他們無人照顧，只能獨自一個人孤獨地邁向死亡。依此標準估計，現階段日本的貧困老人估計有 600 萬至 700 萬人，而藤田估算，未來日本將會有總數一億的「下流老人」。

　　雖然上述日本的社會問題看似遙遠，但再過 20 年，台灣的老人人口比例就會跟日本現況相當。日本當下面臨的問題，也是我們明天必須面對的衝擊。因此，我們必須清楚了解到，不僅「走得太快」的死亡風險需要保險，「活得太久」的長壽風險，以及「走不掉」的長期照顧風險，也必須要因應不同的人生週期，及肩負的個人與家庭責任需求，隨時檢視、因應調整，才能架構一個完整的人生風險防護網。

　　站在保險最前線，我和同事們經常聽到客戶會有上百個「我不需要買保險」的理由，不管是什麼理由，一旦陷入「我不需要」的迷思，便會產生自我催眠效果，藉以放大和強化自己不需要保險的合理性，但也同時讓自己陷於「險境」當中而不自知，這是我們所不樂見，卻經常發生在周遭的真實故事。

　　為了避免將來「千金難買早知道」的悔恨，以下是本書透過分類，整理出民眾 10 大拒絕買保險的迷思，逐一探討以釐清讀者心中的困惑，希望有助於建立正確的保險觀念，進而能規畫出對自己和家人足夠、且最適合的保險安排。

迷思01 | 保險都是騙人的，多存點錢比較實在！

「你在做保險？當朋友可以，但千萬不要向我推銷保險」、「保險都是騙人的，多存一點錢比較實在」，「我三餐都吃不飽，哪有閒錢買保險」，偶爾會在一些場合會聽到這些拒絕談保險、買保險的言論。

我總會好奇追問對方，為何會有這種想法？結果大約有八成的人根本沒買保險，只有兩成左右是因為自己或親友有不好的投保經驗，主要原因不外乎：申請理賠被拒賠、繳不出續期保費、人情保、被判定為拒保件，有健康問題（次標準體）被限制承保的內容或被要求增加保費、聽聞親友不愉快的投保經歷等等因素，因而排斥保險。

前者從未買保險，所以是「莫須有」的理由拒絕保險；後者則可能業務員沒有為保戶做最適當的保險規畫，以及充分說明保險內容，或者沒有做好售後服務，導致客戶埋下「心結」，拒絕再談保險。

要拒絕買保險很容易，一個理由就可以把業務員擋在門外，但仔細想想，**是不是保險業務員不出現，風險就不存在了呢？**答案當然是否定的，風險不但不會消失，一旦發生，再來後悔就為時已晚。

負利率時代來臨

台灣人最常用的理財工具是什麼？答案是：銀行存款。

台灣一直維持的「超額儲蓄率」[10] 儼然成為儲蓄王國、存款王國，連諾貝爾經濟獎得主安格斯・迪頓（Angus Deaton）來台演講時，也曾公開表示對此現象百思不解。

把所有錢存在銀行，是最好的理財方式嗎？在此，我要提醒讀者一個事實：隨著負利率時代的來臨，錢只會愈存愈薄，存錢恐怕也不再是一本萬利的好主意。

「台灣錢淹腳目」是指 1970、1980 年代左右，當時台灣經濟高速起飛，出口擴張賺進大把大把外匯，截至 2019 年 1 月底止，台灣中央銀行持有的外匯存底高達 4,630 億美元，名列全球第 5 名（前 4 名為中國、日本、瑞士與沙烏地阿拉伯），台灣錢不僅淹腳目，還淹到膝蓋了。

台灣人有多愛儲蓄（見圖 1-1）？根據主計總處預測，2016 年台灣超額儲蓄（儲蓄減去投資）升至 2.61 兆台幣的歷史最高紀錄，而超額儲蓄率 14.89%也創下 1998 年以來新高，台灣超額儲蓄率就像是過河的卒子，只進不退，近兩年雖然略有下滑趨勢，但依然在高峰。

但高利率時代自 1997 年亞洲金融風暴後開始翻轉，很明顯的，只靠銀行「存款」微薄的利息收入，不但無法應付未來基本生活所需，萬一有任何

（註 10）超額儲蓄率：即超額儲蓄占國民生產毛額（GNP）之比率，算法為儲蓄率減去投資率。若超額儲蓄率為零，表示儲蓄充分運用，社會沒有閒置資金；若超額儲蓄率超過 10％，則代表國內資金使用效率不佳，對一國的經濟發展並不利，是一項警訊指標。

急難變故，恐怕只要「一次」的危險事故，就會讓畢生積蓄完全泡湯。

圖 1-1：台灣超額儲蓄率走勢圖（2009 年至今）

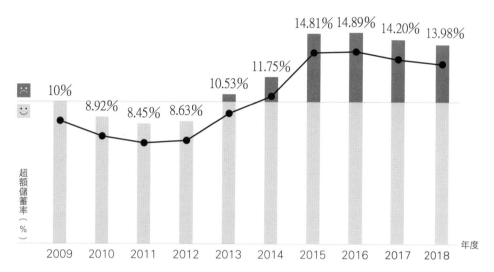

投保關鍵在於承擔風險能力

到底需不需要買保險？關鍵就在於：我們能否承擔因為危險事故發生的損失或責任。要回答這個問題，先一起來看看底下這些數據：

台灣交通事故死亡率世界第一：2013 年台灣因為交通事故（肇事後 30 日內）死亡人數[11]為 3,092 人、英國 1,713 人、法國 3,268 人、加拿大 1,923 人、新加坡 159 人、日本 4,373 人，以人口比例計算，台灣的交通事故死亡

率,每十萬人口 13.3 人,是日本的 3.9 倍、英國的 4.8 倍,也是另類的「世界第一」(見圖 1-2)。

圖 1-2:交通事故死亡率與人數統計圖

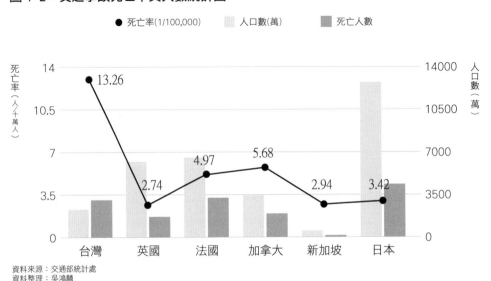

資料來源:交通部統計處
資料整理:吳鴻麟

每 4 分鐘 58 秒就有 1 人罹癌:2016 年台灣民眾癌症新發人數為 10 萬 5,832 人,發生年齡中位數為 63 歲,較上一年增加 676 人,每 4 分鐘 58 秒就有 1 人罹患癌症,比前一年快了 2 秒[12]。

每 10 分鐘 56 秒有 1 人死於癌症:2017 年台灣民眾癌症(惡性腫瘤)

(註 11)參閱 2016 年 3 月交通部統計處編印「104 年主要國家交通統計比較」。
(註 12)參閱衛生福利部 2018 年 12 月 27 日發布新聞稿。

死亡人數為 48,037 人，占所有死亡人數的 28.0%，死亡率每十萬人口 203.9 人，較上年上升 0.4%[13]，相當於平均每 10 分鐘 56 秒有一人死於癌症。

圖 1-3：罹癌時鐘 VS. 癌死時鐘 VS. 失智時鐘示意圖

罹癌時鐘　　　　癌死時鐘　　　　失智時鐘

4分鐘58秒　　10分鐘56秒　　40分鐘

　　每 40 分鐘增加 1 位失智者：台灣 65 歲以上的失智人口預估，會從 2016 年的 24 萬 8 千人成長到 2036 年的 54 萬 7 千人、2061 年 84 萬 6 千人；失智老人會從 2016 年占 65 歲以上人口比率的 8.0%，一路上升至 2061 年的 11.83%。也就是說未來的 45 年中，台灣失智人口數以平均每天增加 36 人，每 40 分鐘增加 1 位失智者的速度成長[14]（見圖 1-4）。

　　每 5 人就有 1 位老年人：台灣 1993 年就邁入「高齡化社會」，2018 年正式成為「高齡社會」國家，到了 2026 年就是「超高齡社會」，總人口中 20% 為 65 歲以上，這意味著，走在街頭每 5 人就有 1 位是老年人。

（註 13）參閱衛生福利部統計處公布「2017 年度死因統計」。
（註 14）參閱台灣失智症協會網站「認識失智症」。

圖 1-4：台灣 65 歲以上失智人口及比例推估圖

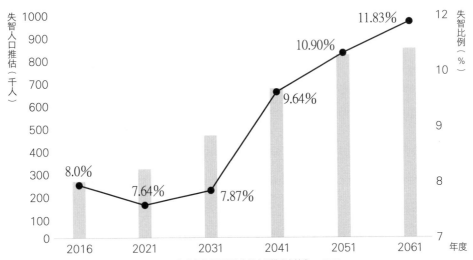

資料來源：「失智症（含輕度認知功能障礙，ＭＣＩ）流行病學調查及失智症照護研究計畫」，2016

每年增加失能＊人口 2 至 3 萬人：2016 年台灣 65 歲以上老人有 46 萬人失能，需要被長期照顧，未來每年新增失能人口會以 2 至 3 萬人速度增加。

長期照護需求 7 至 9 年：依世界衛生組織（WHO）推估，長期照護的潛在需求是 7 至 9 年，根據台灣人平均壽命和疾病型態等變數推估，估計一生中長期照護需求時間是 7.3 年，其中，男性平均需要 6.4 年長期照護時間、女性平均需要長期照護時間是 8.2 年。

平均壽命 80.2 歲創新高：2017 年台灣人平均壽命 80.4 歲，其中男性

（註 15）參閱 2018 年 9 月 21 日內政部統計處公布「2017 年簡易生命表」。

77.3 歲、女性 83.7 歲，均創歷年新高（見圖 1-5）。從內政部公布的生命表資料顯示，目前 65 歲男性平均還能再活 18.22 年，女性可再活 21.73 年；到了 80 歲，男性可再活 8.74 年，女性 10.36 年[15]。

從上述的資料中可以清楚發現，雖然突發意外事故造成的危害很大，但因長壽所衍生的醫療、安養、長期照顧問題更大。

而且這些事故發生與否及時間，都非人力所能掌控，我們必須靜下心來思考，自己有能力承擔這些風險嗎？萬一發生，如果只靠自己賺錢、存錢真的夠用嗎？會不會造成家人的負擔和困擾，甚至拖垮整個家庭？如果我們自覺沒有多餘的錢買保險，哪會有多餘的錢可以承擔這些事故發生所必須花費的錢呢？

如果答案是否定的，就不能再存在著「我不需要保險」的心態，而是必須更積極地尋求專家協助規畫合適的保單，並隨著人生不同階段的需求與責任，定期檢視保單並調整，以確保自己的健康狀況或年紀，免得到了無法投保的時候，才後悔「要是」當時的保險業務員能再堅持一些該有多好。

藤田孝典在《下流老人》書中，歸納一個令人驚訝的結果：老後的貧窮是所有受救助老人從未料想到的事，受諮詢（救濟）的人都異口同聲地說：

小辭典　失能：根據衛福部社會及家庭署定義，經「日常生活活動功能（ADL）」或「工具性日常生活活動功能（IADL）」評估，判定為失能者。
- ADL：進食、移位、如廁、洗澡、平地走動、穿脫衣褲鞋襪等 6 項。
- IADL：上街購物、外出活動、食物烹調、家務維持、洗衣服等 5 項中有 3 項以上需要協助者即為輕度失能。
失能程度分為以下 3 級：
- 輕度失能：1 至 2 項 ADLs 失能者；僅 IADLs 失能之獨居老人。
- 中度失能：3 至 4 項 ADLs 失能者。
- 重度失能：5 項（含）以上 ADLs 失能者。

「完全沒想到自己會陷入這種狀況。」

　　同樣的，我們也希望透過這本書提醒所有的讀者，人生有很多的「料想之外」的事，我們不是萬能的神，不可能讓所有的危險事故都不會發生，每一項可能的危險事故都需要保險，雖然保險沒辦法讓事故不會發生，但卻可以讓事故發生造成的傷害和影響降到最低。

　　因此，千萬不要再有「保險都是騙人的，多存點錢比較實在」的心態與迷思；真正要防範的是「不專業」，或只考慮佣金多寡的「不道德」保險業務員或理專，而不是「保險」本身。

圖 1-5：台灣民眾平均餘命走勢（2007 ～ 2017 年）

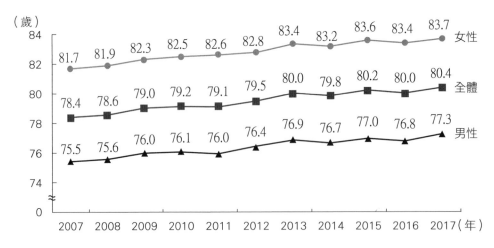

資料整理：內政部統計處

迷思02 ｜我已經買好幾張保單，不要再找我買！

「我已經買了很多張保單，不要再找我」、「公司已經幫我辦團保，不需要再額外投保」、「我每年要繳幾十萬保費，已經沒辦法再負擔了」……，這些都是我常會聽到民眾拒絕買保險的理由。

保險不是買多買貴就好

但買保險並不是吃三餐，因為剛吃飽，所以吃不下了。通常遇到以上的回答，我都會再進一步請問當事人，究竟買了哪些保險？保障內容是什麼？往往只有少數人可以說清楚自己所買的保單種類和項目，大部分人並不清楚到底買了什麼保險。

讓人驚訝的是，那些清楚自己所買保單的人，通常集中在某些保險產品類別，例如台灣人最愛的儲蓄險，而且一買好幾張，差別僅在於向不同的保險業務員購買，或者不同保險公司投保。

這讓我想到一個故事，1997年科技泡沫化之前，一個投資股票的同事告訴我，股票投資一定要分散風險。當我詢問如何分散投資風險組合時，同事告訴我的方法是：同時買進「台積電、聯發科、聯電、威盛……」，很明顯的，這位同事所買的股票清一色是高科技類股，在之後的科技泡沫化

時，投資損失極為慘重。

　　我要再次強調，保險並不是以「買的張數多少」，或者「繳的保險費多寡」來判斷夠不夠。就像我同事一樣，如果讀者買的保險，只集中在單一股票類型的保險類別或者險種，一旦發生事故並不在保單的保障範圍內，不但沒有幫助，恐怕因為需要資金度過難關，還必須中途辦理保單解約而造成損失。

　　這裡跟大家分享一個真實案例。

　　好友涂先生長期因為胃不舒服，到醫院照胃鏡檢查，意外發現罹患第二期胃癌。在醫師安排下，涂先生除了進行「次全胃切除手術（切除部分的胃組織）」，還持續安排了多次化療，雖有健保給付部分負擔，但自費的病房費用差價、高蛋白營養品、看護費等，算算一年醫藥費也要百來萬。為了支應這筆龐大的支出，他急忙把以前買的保單都拿出來，才發現早年買的保單沒有防癌險，大部分是終身壽險、儲蓄險等，健康醫療險的規畫也嚴重不足。為了支應高額醫療費用，不得不忍痛解掉幾張高預定利率的儲蓄險。

你買的是「存款」還是「保險」？

　　從涂先生這個案例的借鏡，我們必須時時檢視自己的保單，先確定自己買的壽險保額是否足夠？這幾年很多民眾去銀行買保險，但所買的保單可能沒有任何保障，事故發生只能拿回自己繳交的保險費，頂多再加些利息而已的類定存保單，這樣的風險規畫是捨本逐末，也失去規畫的意義與

目的。

　　以 2015 年台灣民眾購買的新保單為例，壽險保單共計 342 萬 7,758 件，累計保額 1 兆 9,343 億 4,267 萬元，累計保費有 8,596 億 3,500 萬元。平均每張保費高達 25.1 萬元，但保額則僅有 56.4 萬元 [16]（見表 1-1）。

表 1-1：台灣民眾壽險保單 VS. 年金保單統計

險種	類別	件數	保額	保費
壽險	新契約	3,427,758	1,934,343百萬	859,635百萬
	有效契約	47,934,628	37,466,045百萬	2,232,945百萬
年金險	新契約	244,166	304,640百萬	
	有效契約	1,150,246	1,226,904百萬	303,447百萬
壽險平均	新契約	1	56.4萬	25.1萬
	有效契約	1	78.2萬	46.6萬
年金平均	新契約	1	124.8萬	
	有效契約	1	106.7萬	26.4萬

資料來源：保險事業發展中心

（註 16）參閱財團法人保險事業發展中心統計資料。

如果不以個案來看，上頁表中的數字顯示，2015 年台灣民眾新買的壽險，平均保費達保額的四成五；這意味著，如果以死亡保障或年金保障的需求來看，民眾買的幾乎是存款，並不是保險。

因此，當保險業務員告訴我們，經過人生週期需求分析結果，家庭保障的缺口需要靠保單填補時，我們卻用「每年已經繳了大筆保費，不需要再買保險」予以婉拒，就等於告訴業務員「我有銀行存款，不需要保險」是一樣的道理。

視個人預算先買足風險保障

在此，我要先澄清，舉這個例子不是要大家別買類定存保單（也就是所謂僅有儲蓄功能的保單）。事實上，目前的低利率時代，如果在短期三、五年內，市場利率不可能快速回升的情況下，甚至我還會建議讀者，可以把部分閒置資金拿來買類定存保單，取代過去把錢放在銀行定存的習慣，以賺取較高的資金收益。

但如果是在需要死亡保障的需求下，把可用的保險費預算拿來購買類定存保單，則是不恰當的規畫方式，即使保費繳再多，對風險保障需求於事無補。

在台灣，30 歲至 65 歲的人口幾乎是家庭經濟來源的重要支柱，相對的，這群人的死亡保障需求就顯得更加重要，但以保險事業發展中心公布統計至 2015 年底的壽險有效契約保額來看，平均每張保單的保額只有78.16 萬元，對一個負擔家庭經濟重擔的人而言，萬一發生事故無法維持經

濟收入時，這樣的保障規畫明顯不足。

　　除了死亡保障之外，意外事故風險、健康醫療、重大疾病事故可能造成大筆醫療費用或長期看護費用，乃至退休後的安養生活，因長壽及通貨膨脹等因素導致積存的退休金不足支應等等，這些都是人生不同階段會面臨的問題，我們是不是都準備好了？從目前民眾投保的統計資料來看，顯然是嚴重不足，當然沒有理由可以說「我已經買好幾張保單，不要再找我買」。

迷思03 | 我一個人沒有家累、衣食無虞，不需要再買保險！

　　台灣的不婚族愈來愈多、離婚率愈來愈高，也有愈來愈多的夫妻不生小孩，在未來經濟壓力下，年輕人害怕養不起小孩的顧慮下，相信這樣的現象只會愈來愈多，而日本的現況就是台灣的借鏡。

　　或許沒了養兒育女的家庭責任與壓力，單身貴族、頂客族（夫妻雙薪不生小孩）會認為，只要安頓好自己的身心就好，於是就會有「我（們）生活很簡單，沒有家累，退休後可以衣食無缺，不需要買保險」的想法。事實上，因為這個理由拒絕買保險的客戶，往往沒有考慮到未來可能面臨極高的「不確定風險」。

　　日本學者大前研一在《一個人的經濟》書中記載，日本單身貴族愈來愈多，也創造出不同商機，例如超商賣的餐點、火鍋料、水果包裝內容量，都從以往適合小家庭的四人份量變成一人份。一個人雖然沒有家累，但自己簡單節省過日子，就不需要保險嗎？

　　根據主計總處的資料顯示，受通貨膨脹率及失業率雙雙升高影響，2016年台灣全年平均「痛苦指數」達 5.32%，2017 年 1 月更高達 6.03%，創下近 4 年最高，更超過韓、星、日等亞洲鄰國，所幸近兩年已有改善，2018年 12 月已下降至 3.64%。

　　痛苦指數創新高，代表著台灣民眾面臨薪資衰退、失業率上升，但物

價卻不斷變高的窘境，也難怪不婚族愈來愈多，因為結婚生子後，除了原本的生活開銷、往後孩子的養育、教育基金都將是沉重的負擔。物價上漲連帶健保費、醫療等費用節節攀升，或是累積的資產不夠用，要安穩生活，恐怕不是一件容易的事。

一場病就能讓人破產

我在此引用藤田孝典在《下流老人》書中的一個案例：山口先生（69歲）在神奈川縣某家建設公司工作40年，單身未婚，年輕時年收入約有300萬日圓，退休前年薪已有500萬日圓，還有額外的年終獎金，在當時的受薪階級中算是收入不低的上班族。

山口先生退休後領到的退休金加上存款有將近3,000萬日圓，本以為可以安度晚年，沒想到退休後兩度突發心臟病進行心肌梗塞手術，必須長期住院療養，除了預訂的墓園花了900萬日圓外，剩下的現金全部花在醫療費和生活費上，就這樣3,000萬日圓在退休後7年內用罄，目前光靠政府國民年金根本無法支付高額的醫藥費，更不用說生活品質。

「我沒想到，以前這麼健康的自己竟然會不斷生病」、「我無法想像自己竟然會淪落到申請生活保護」。山口先生現在只能一邊接受治療，一邊接受救濟。

山口先生並非特例，在我們周遭一定也有相似狀況，沒有人知道明天災禍會不會降臨自己的身上，但不知災禍何時降臨並不可怕，因為只要做好準備，就能減低災禍的傷害，甚至移轉災禍的損失；可怕的是自認「災禍

不會倒楣降臨自己身上」的自信心態。

我擔心，在台灣經濟不景氣，工廠關閉或者企業人力精簡下，未來有愈來愈多的中年人被迫離開職場，在頓失固定收入情況下，會成了「下流老人」一族，只能坐吃山空，靠過去的積蓄或者退休金、離職金生活，所面臨的風險就是通貨膨脹及重大疾病醫療費用支出，這兩項風險產生的費用是個人無法控制的，當然就有可能讓自己的財務預算和計畫出現缺口，而影響老年安養及醫療品質。

根據衛福部公布的統計資料顯示 [17]，2017 年全台灣個人醫療保健費用支出共計 9,940 億元，其中由政府全民健保支付的金額有 5,997 億元，剩下的 3,792 億元由家庭自付，也就是個人自費支付的醫療費用（見圖 1-6、1-7），2017 年平均每人醫療保健支出高達 47,860 元，較前一年度增加 3.6%，且逐年快速上升中。

如果與 2004 年家庭自付額為 2,489 億元相較，個人自費金額足足增加了 52%，增加幅度相當驚人，而這些需自費的現象，隨著台灣人口老化程度增加，只會愈來愈嚴峻，尤其是 60 歲以後發生之醫療費用支出會更加驚人。

如果單身能悠閒享受一人的世界，快樂到終老，當然是一件幸福的事。我常說：人生最遺憾的事，就是「人要走了，錢還沒花完」。因為只知道賺錢、存錢，不知道享受人生，等到要離開人世時，才發現自己許多想去的地方沒去，想做的事一直停留在計畫階段，恐怕只能帶著「千金難買早知道」

（註 17）參閱衛福部統計處衛生福利統計專區「民國 106 年國民醫療保健支出」。

的遺憾離開。相對的，人生最悲慘的是，則是「錢花完了，人還沒走」。

　　因此，單身貴族絕不能以為有存款就可以高枕無憂，反而必須更積極規畫完整的健康醫療、長期照顧及年金計畫，以免風險事故來臨時，淪為「下流老人」而變成晚景淒涼的慘境。

圖 1-6：全台個人醫療保健費用支出來源

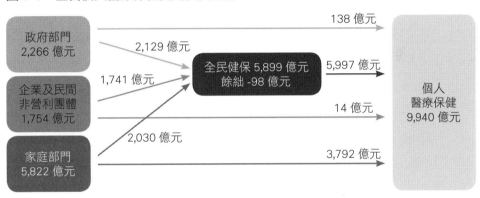

資料來源：衛生福利部「2017 年國民醫療保健支出」

圖 1-7：2017 年台灣各年齡層醫療費用統計圖

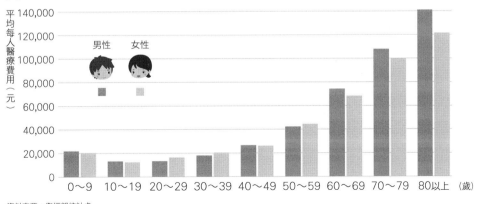

資料來源：衛福部統計處

迷思04 | 孩子還小沒賺錢，不需要買保險！

「……遇到機艙失壓，氧氣面罩會自動掉落，如果有小孩隨行，請先自行使用再照顧小孩……」相信搭過飛機的人，對於這段起飛前的安全示範影片內容應該印象深刻。父母疼愛子女是天性，在危險發生瞬間，一定會奮不顧身，優先考慮子女安危，所以影片目的要提醒父母必須先自救，才有辦法應付可能發生的更大緊急狀況。

同樣道理，如果父母知道小孩處在危險環境，面臨潛在的危險，一定全力盡己所能去保護他（她），避免讓孩子受到傷害，但為什麼會有「小孩子不需要買保險」的迷思？

不少部落客和網路「保險專家」撰文鼓吹：「小孩子不是家庭經濟來源的主要支柱者，不應該以小孩當被保險人買保險」，甚至會告訴民眾連醫療險都不需要買，因為保險公司對於小孩可承保的醫療保障額度太小，省下來的保費可能都會比保險的理賠金額多。

意外、疾病上門非關年齡

事實上，關於是否要為孩子投保問題，過去我常常看到兩類極端的例子：一類是幫子女買了相當多保單及相當高的死亡保額；另一類則是認為「小

孩子沒在賺錢，大部分時間和活動空間都在校園和家裡內，不需要浪費錢買保險」。

　　前者買不合常理的高危險保額，在發生一些父母為詐領保險金而謀害子女的事件後，目前《保險法》已修改 15 歲以下小孩死亡保險金[18]的理賠額度，僅限返還所繳保險費加計利息；而後者不需要浪費錢的想法，則是陷入「小孩不需要買保險」的迷思，而忽略死亡以外的健康醫療風險。

　　2017 年農曆大年初一的一則新聞報導[19]：「在八仙塵爆中全身 55％燒燙傷的小智（化名），原本擁有絢麗人生，打算當兵退伍後隨餐廳副主廚到新加坡打拚，怎麼也想不到會在塵爆中受重傷，醫院 3 度發出病危通知，小智也 3 度與死神拔河，母親辭去百萬年薪，全心陪同照顧；小智總共經歷 7 次的開刀清創，漫長的復健路，為身體帶來無限的痛楚……」。

　　發生於 2015 年 6 月 27 日的八仙樂園粉塵爆炸事故，許多人仍記憶猶新，共造成 15 死 484 傷，傷者中超過一半是年輕的在學學生。根據衛福部官方統計，傷者平均燒燙傷面積約 44％，燒燙傷面積大於 40％之傷病患計有 248 人，其中 80％以上傷患人數共 24 人。

　　當時驚悚的新聞畫面宛如人間煉獄，但事過境遷，這些新聞對於旁人而言成為歷史，對傷亡者及家屬卻是一輩子無法抹去的錐心之痛，尤其是年輕傷者

（註 18）《保險法》第 107 條第 1 項：以未滿 15 歲之未成年人為被保險人訂立之人壽保險契約，其死亡給付於被保險人滿 15 歲之日起發生效力；被保險人滿 15 歲前死亡者，保險人得加計利息退還所繳保險費，或返還投資型保險專設帳簿之帳戶價值。

（註 19）摘錄自 2017 年 1 月 28 日《蘋果日報》網頁新聞。

的復健之路迢迢，無論是體力、精神和醫療所需金錢都是一大考驗。

再回到半世紀前，另一個令人難過的例子，是當時受社會廣泛注目的王曉民事件。

1963 年時，王曉民在省立台北第二女中（今台北市立中山女高）擔任管樂隊指揮，9 月 17 日早上騎腳踏車上學途中遭計程車追撞成為植物人。王曉民父母後半生散盡家財，全力擔起對愛女無微不至的照顧責任，但也因終年照顧體力不堪負荷而經常病倒，父親深知這種煎熬不是一般家庭可以承受，與母親輪流看顧之餘，積極奔走催促政府進行「安樂死」立法，無奈臨終前仍無法完成心願。

原本照顧王曉民的母親和父親相繼於 1996 年和 1999 年因癌症過世後，改由妹妹們委託專業機構看護，直至 2010 年逝世，王曉民在病榻上躺了近 50 年從未清醒過來。一場意外車禍，毀了兩代人 50 年的歲月和幸福。

雖然「八仙塵爆」與「王曉民事件」是兩個極端的意外案例，造成當事人及家人一輩子無法彌補的傷害，也許大部分人覺得自己運氣不會這麼差，但人生「不怕一萬，就怕萬一」，一旦發生就沒有重來的機會，任何人都不應該用「賭」的心態，而輕忽這樣的風險所造成的影響及傷害程度。

因此，我要提醒所有為人父母的讀者，把自己的保障規畫列為優先順序絕對是正確的，但也別忘了幫自己的子女做好意外及醫療保障的風險規畫，尤其是萬一因為疾病或意外事故造成殘廢傷害，後續龐大的醫療照顧和復健花費，如果沒有足夠的保險保障，對自己和子女都會是一輩子的遺憾。

守護自己的心肝寶貝，愛他們（她）就該保護他（她）們，當保險業務員跟你提到幫小孩規畫保單時，千萬不要再說「小孩子沒在賺錢，不需要買保險」。

迷思05 │ 投資型保單不保證收益，一頭牛被剝好幾層皮！

「投資歸投資，保險歸保險，為什麼還要買投資型保險？」「聽說，投資型保險第一年就要扣掉七、八成的費用，一條牛被剝好幾層皮，很不划算吧？」「投資型保單太複雜了，很難弄懂，少碰為妙？」

相信至今有不少人一聽到「投資型保單」就聞之色變，尤其是早期熱賣的投資型保險保單，絕大部分投資標的都是「連動債」，2008 年投資銀行「雷曼兄弟」破產事件後，更增添民眾的疑慮，卻很少人搞懂，到底投資型保單有什麼功能？誰適合買？以及什麼時候可以買投資型保險？

事實上，一般民眾有這樣的疑慮並不足訝異，因為很多的保險從業人員，甚至財經專家、學者也未必清楚。

2003 年，投資型保險剛在台灣上市沒多久，確實各界普遍傳出，「投資歸投資，保險歸保險，不應該把兩者包裝在一起賣」的聲音，但我認為沒有絕對好或不好的商品，而要看在什麼時候賣給什麼人，希望能釐清投資型保單的功能，以及洗清對投資型保單的「污名化」。

是保險，還是投資？

當時我曾應邀擔任某高收視財經節目專家座談，當天與會來賓除了

我，還有兩位不同大學的保險系所教授。不意外的是，兩位保險系所教授一再闡釋，保險與投資是兩種完全不同的金融產品，把投資風險及保險綁在一起，有違保險的功能與目的。

針對兩位教授的疑問，我用一個真實案例回覆：一對年輕夫婦，先生36歲、太太34歲，兩個小孩分別是4歲、2歲，夫妻都是上班族月收入合計8萬元，有房貸500萬元，小孩幼稚園費用及開銷2萬元，如果夫妻兩人中一人不幸因為疾病死亡，需要多少的死亡保障金額才足以讓家庭未來獲得保障。

兩位教授估算了一下，除了還清500萬元貸款，小孩到大學畢業大概還要20年，每月平均2萬元生活教育費，20年也要500萬元，總計大概要1,000萬元。

沒錯，以當時的物價水準，的確需要這樣的金額。當時的討論與我最後提出的解決方案如下：

如果夫妻倆都買1千萬元保額的意外險，一年保費大約2萬4,000元，但萬一不是因為意外死亡並不理賠。若這對夫妻改為各買20年繳保額1千萬元的終身壽險，一年保險費總共大約要50萬元左右，等於夫妻倆必須省吃儉用，拿所有的錢去繳保險費，顯然不會有人這麼規畫；但如果不做，等於是冒更大的風險。

最好的解決方案：如果利用投資型保單投保1千萬元的保險金額，第一年大概只需要2萬元的危險保費，以後每年會略微提高危險保費，但至少在他們家庭經濟負擔比較大、薪資相對比較少的階段，可以把保障缺口補足，不必擔心萬一事故發生時，整個家庭會陷入困境（算法見表1-2）。

表 1-2：1,000 萬元死亡保障規畫試算

投保險種		
意外險	20年終身壽險	投資型保單
需繳保費	24,000元／年	約50萬／年	約2萬元
優／缺點	非意外死亡不理賠	保費太高	以自然保費計算，相對便宜

　　這個結果大出兩位教授的意料之外，直覺反應「認為這怎麼可能？」當我說明投資型保單在危險保額是採「自然保費制」，而不是「平準保費制」（見圖 1-8），他們馬上就清楚而且認同，投資型保險確實可以在此發揮傳統型壽險所沒有的功能。

圖 1-8：**自然保費制 VS. 平準保費制**

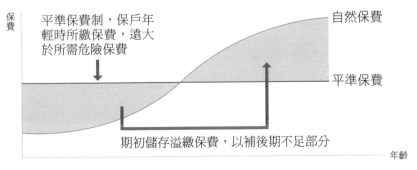

「如果隨著年齡愈長會增加保險費，那五、六十歲時保險費不是會很高？」主持人提出疑問。

我回答，等到那時小孩子都長大成人，房貸也可能繳清了，已經卸下大半的家庭責任，那時候要擔心的應該是退休養老和健康醫療問題，不再是死亡險。**投資型保險的另一個特色便是彈性保額，被保險人可以隨責任的減輕而縮小死亡保障的金額，相對保險費也會跟著降低了。**

錄完節目後，其中一位教授告訴我，這次的座談讓他徹底改變對投資型保險的主觀看法，也不再一味地反對投資型保險。

事實上，現在保單的預定利率又比 2003 年時低許多，終身壽險的保費相對也貴上許多，如果保費支出的預算有限，但保障又不宜短少，投資型保險可以發揮的功效又更大了。

搞懂附加費用真相

關於投資型保險，另一個案例與我自己切身有關。

我二姐年輕時就被診斷出罹患家族遺傳性的甲狀腺癌，兩度進行手術和放射線治療，因此一直無法購買壽險，但因治療後恢復狀況良好，且已經過十幾年未再復發，儘管 2008 年保險公司已經接受投保，但在考慮 50 歲的傳統壽險保費偏高的情況下，二姐依我的建議買了一張 180 萬元保額的投資型保單，每月（含投資的部分）採定額繳 6,000 元保費。

很不幸的，在二姐繳交 6 期的保費後，因腹部疼痛就醫急診，發現已罹患肝癌末期，兩個半月後即病逝，總理賠金額 185 萬元左右。

　　另一個被大家詬病的是，「聽說投資型保險附加費用率很高，第一年繳的保費幾乎都被保險公司拿去當費用，剩下可投資的金額微乎其微」，這也就是大家常聽到的，投資型保單買連結的基金已經被基金公司扣了經理費、保管費，還要再扣保單行政管理費、附加費用、解約費用，等於一頭牛被剝好幾層皮。

　　事實上，這些都是錯誤認知，因為不管什麼險種的保單，每張保單都會收取附加費用（見圖 1-9），而且嚴格來說，傳統型保險扣的費用總數，可能比投資型保單要高很多，只是傳統型保單的附加費用直接內含在總保險費裡，一般民眾不清楚，也無從了解罷了。

圖 1-9：保單的總保費結構

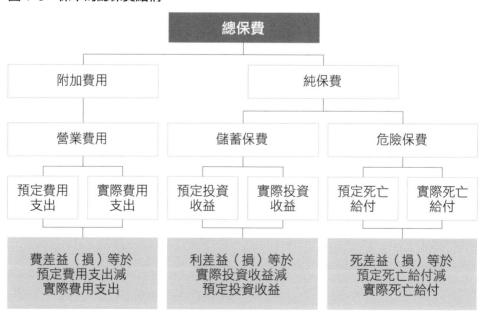

圖 1-10：投資型保險與傳統型保險保費結構

從圖 1-10 可以清楚了解，傳統型保單的總保費結構包括：危險保費、儲蓄保費及附加費用三部分。

「危險保費」就是依被保險人的性別、年齡、條件（如有無既往病史、有無抽菸……）及發生事故的機率，以數理法則所精算出來的保險費。例如死亡保障的壽險，年齡愈大死亡率愈高，各年齡的危險保費就會隨著死亡率增加。

簡單說，「儲蓄保費」就是期初預繳給保險公司的保險費，保險公司必須依照主管機構核定的「預定利率」計算利息給我們做為未來保費的抵減。

「附加費用」則是保險公司經營所需的各項固定成本（員工薪資、辦公室費用、租稅、機器設備……等等）及變動成本（業務員佣酬），於主管機關核定的範圍內，在保單上加收的費用。通常附加費用率約占總保費的20%至25%。

以此計算附加費用率，讀者就會發現，以 20 年繳的終身壽險為例，每年 20% 的附加費用率、20 年共繳了年保費的四倍（400%）做為保險公司保

表 1-3：投資型保單與傳統型保單比較表

項目	傳統型保單	投資型保單
需繳保費	兼具保障及儲蓄功能	兼具保障及理財（投資）功能
保費計算	採平準費率制，固定期間；固定金額繳費	採自然費率制，依各年齡層死亡率計算危險保費
保額約定	在購買時就要決定，若要增加額度得另外加保，要減少保額則會損失部分保單現金價值	可隨人生各階段不同保險需求彈性調整
風險	由保險公司承擔，保戶沒有投資風險	死亡風險由保險公司承擔；除另有約定外，投資風險由保戶自行承擔，盈虧自負
收益率	依投保時主管機關核定之預定利率計算，早期有高達 6% ～ 8%，目前僅 1.5% ～ 2.0%	依連結標的之投資績效而定，有機會高過傳統保單的預定利率
投資運用	保險公司決定資金運用項目	保戶從連結投資工具中自行決定
費用揭露	不透明	費率透明化，保戶可以清楚自己繳交的保費流向
帳戶型態	一般帳戶，保戶無權查閱	分離帳戶，萬一保險公司經營不善倒閉，保戶的錢不會有保險公司的債權人追索風險
附加附約	可附加各種意外、醫療、重大疾病、防癌、失能等等各類型保單	目前大多僅能附加定期醫療險
資金週轉	須以保單貸款方式借錢出來並支付利息	可選擇保單貸款（須付利息），或直接進行帳戶價值部分提領（不須付利息）
適合對象	有保障需求的人，且無法忍受任何投資風險	有保障與理財需求的人，但須能承擔投資風險

單的費用成本，與投資型保單約在 150% 左右，明顯高出許多。只是投資型
保單通常集中在前五年收齊「附加費用」，且必須揭露給投保人知道，而傳
統型保單分散到各年度，混在總保費，投保人並無從知悉，因此會誤認為
投資型保險扣的附加費用較多。

　　有關投資型保單與傳統型保單的比較及費用運作模式，請參閱表 1-3 及
表 1-4 的說明。

表 1-4：投資型保險費用運作模式

商品類別	
變額年金	**變額壽險、變額萬能壽險**
附加費用 契約附加費用：依照（年利率／364、年利率／12），每日／每月從保單價值中扣	保單附加費用：先從總保費扣除，餘額轉換成基金單位數 危險保費／保單管理費用：每月從保單價值中扣除
基金手續費／經理費／管理費 每日從保單價值中扣除	每日從保單價值中扣除
其他費用 解約（贖回）費用、部分提領費用、基金轉換費用等	

迷思06｜保單應回歸保障功能，不該當定存買！

　　1970 年代中期過後，台灣經濟快速發展，資本市場活絡，銀行存款利率高高掛，1990 年代甚至飆到兩位數，當時只要將兩、三百萬元退休金放在銀行定存，每個月的利息收入就有兩萬多元，拿來當生活費仍綽綽有餘。

　　只是 2000 年亞洲金融風暴後，企業資金需求頓減，市場游資太多，銀行的存款利率開始下滑（見圖 1-11），民眾也明顯感受到，定存的報酬率已經跟不上物價上漲的通貨膨脹率。

圖 1-11：台灣銀行一年定期性儲蓄存款掛牌利率走勢圖

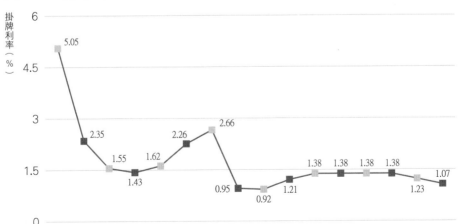

直到 2008 年，美國次貸風暴引發全球金融海嘯後，各國央行為了救經濟，實行蔓延全球的寬鬆貨幣政策，猛印鈔票救市，加上市場資金需求疲弱，更迫使市場利率直直落。

負利率時代來臨

2001 年以來，台灣銀行掛牌一年期儲蓄存款平均利率，從 5.05％一路陡降，至 2017 年 1 月僅剩 1.07％；大陸的銀行年利率也從 4％一路逼近 1％；更有甚者，包括瑞典、瑞士、丹麥、日本等國，都出現實質負利率的情況。現在把錢存銀行，賺的利息還趕不上物價上漲的速度。

另一方面，由於經濟不景氣，銀行擔心不良放款的呆帳會侵蝕銀行的利潤，放款核貸趨於嚴格，導致太多的爛頭寸（超額存款）無法消化。於是銀行銷售保險的風氣在 2000 年後迅速蔓延開來，自 2001 年人壽保險新簽單的保險費占當年市場比率不到 2％，到近幾年每年有超過 5 成的保費來自於銀行所銷售的保單，而銀行主力銷售的保單種類，大部分是以保單解約產生的收益率做為主要訴求，這些保單因為死亡保障的功能低，因此都被統稱為「類定存保險」。

近年來，透過銀行所銷售的類定存保單，每年保險費粗估超過 1 兆元，甚至有些股市專家、政府官員認為，台灣證券市場交易量偏低，便與銀行賣類定存保單「吸金」有關。為了要救投資市場，市場上開始有「保險應該回歸保障本質，不應該把保險當成儲蓄的工具」的聲音出現。

這樣的論調透過網路、媒體迅速傳播出去，也有認為保單算出來的

IRR*（內部報酬率）並不高，與其用保單做理財工具，不如去投資買零股、基金、指數股票型基金（ETF）、選擇權等等來得划算。

但這樣的訴求真的對嗎？到底類定存保單和股票、基金、ETF、選擇權等商品風險等級，可以放在一起做比較嗎？如果因認定保單收益率低而鼓吹民眾做風險性投資，這與要民眾不要把錢放銀行，改去投資股票、基金、ETF、選擇權有何不同？

2017 年 2 月，台灣的某週刊報導一位 86 歲的老先生，將畢生積蓄約 1,600 萬元都交給一位熟識的券商理財專員操作，並交代只需要投資有固定利息收入的商品即可，希望能賺取比銀行定存好一點點的利息，以支付安養中心的費用。沒想到，理專竟然拿這筆錢去投資股票，五個月後幾乎輸光所有本金，事件經媒體曝光後，引起輿論一片撻伐。其實，像這樣的個案並非首見，端視東窗事發後是否見報。

我相信，如果告訴一位保守穩健的客戶，因為銀行存款利率低，他應該拿錢去買股票、基金、選擇權，這是行不通的，客戶也不見得會接受。但如果有一種投資工具的風險屬性與存款相當，收益率還會高於銀行存款利率，民眾的接受度自然會較高。

所以市場上的「類定存保單」之所以會熱賣，就是特定族群的民眾「需求」主導保險公司「供給」商品，也就是風險屬性較為保守的民眾，為了賺

 小辭典

內部報酬率（Internal Rate of Return，簡稱 IRR）：是一種投資的評估方法，其原理是利用折現的計算方法來算出資金潛在的報酬率多少，以評估是否進行投資。

取比銀行高的利息（收益），而選擇可以接受的商品（類定存保單），並非保險公司單方面可以主導客戶將存款轉為購買保單。

這點從最近政府調降「保單預定利率」，類定存保單買氣明顯下滑，可以得到印證。相信如果哪一天銀行的存款利率回升，保單的收益率不如客戶期待，這些類定存保單的「需求」便不復存在。因此，類定存保單對於特定客戶族群，確實有其功能及必要性。

再者，「儲蓄」本身就是保險功能之一，「平準型保險費」結構中的「預定利率」就是儲蓄的功能設計，尤其是「年金保險」更是利用累積保費期間繳存保費，以做為未來年金給付的保證，因此，以「保單應該回歸保障本質」來評斷保險公司及業務員不該銷售類定存保單，是對保險產品本身的功能認知不足所致。

當然，有些不肖保險業務員會誇大保單的收益率，例如故意吹噓投資型保單的假設報酬率、把類全委保單的保單價值「撥回率」（配息率）當作「保單報酬率」銷售訴求，或者以財務規畫為藉口，要客戶做保單貸款來槓桿操作保單，使得客戶誤以為保險可以產生高報酬機會，這樣的業務員行徑確實值得檢討。

我仍要再次強調，不管是投資型或類定存保單，有問題的不是保單，而是銷售人員的銷售行為是否不當，沒有產品好不好的問題，只有適不適合客戶需求的問題。

小辭典 年金保險的累積保費期間：從繳交首期保險費起，至開始給付年金之日止，這段期間的保險費由保險公司拿去投資運用，並約定給保戶一定的利息。

買類定存先掌握四原則

既然「類定存保單」有市場需求，也是保守族群可以選擇的理財工具之一，那要如何挑選最適合的「類定存保單」？

首先，投保人必須很清楚地了解「類定存保單的收益率絕對不會太高」，但依目前的預定利率條件，只要保單擺放的期間超過 6 年以上，原則上會比銀行定期存款收益好。

因此，如果有保險業務員或理專告訴你，保單一年有 4% 以上的回報率，就要小心查證是不是其他金融商品或者投資型保單，必要時應該要求檢視保險公司保證收益的有效文件，以及確認保單條款是否真實。

近幾年來，台灣市場上銷售量最好的「類定存保單」是「利率變動型年金」，在此，我建議讀者投保前要先釐清下列幾個問題：

一、「保單宣告利率」高，等同於會有高報酬率？

雖然有些保險公司的利率變動型保單提供比同業高的宣告利率，但相對會收取較高的附加費用，按照保費計算公式：總保費＝儲蓄保費＋危險保費＋附加費用。其中，宣告利率的計算只有儲蓄保費的部分，也就是總保費扣除危險保費及費用率的部分才計算宣告利率，因此，實際的收益率會遠低於宣告利率，宣告利率高並不代表高報酬率。

二、利率變動型年金，每年繳費完就可以領年金？

利率變動型年金依繳費方式可分為一次躉繳或分年期繳費，與傳統型年金險不同的是，利率變動型年金從投保日開始，至少要有 10 年以上的等

待期（累積保費時間），才會開始進入年金給付階段。所以，並不是繳完保費就可以馬上給付年金，萬一被保險人在累積保費期間內身故，也只能領回所繳保費加計利息。

三、年紀大者可以購買利率變動型年金存退休金？

如果保險公司沒有修正解約金計算方式，依規定，利率變動型年金在保費累積期間（至少 10 年）不准動用，如果中途要解約需扣解約金，實際拿回的錢可能低於所繳交保費。所以，年紀大的族群必須先確定扣除解約費用的期限有多長，以免損失。

目前各家保險公司的保單資訊非常透明，每一張保單的宣告利率 * 都會明白揭示出來，可以多加比較。當然附加費用率也相當重要，因為扣除費用及危險保費的部分，才是計算宣告利率的基礎，這一點千萬要記住，免得花了大錢，買到報酬率低的類定存保單，徒呼負負。

總結來說，沒有一種金融商品（包括保險）適合所有人，必須視個人風險承受度、對財務規畫需求、對保障或報酬率的重視程度等而定。購買「類定存」商品（包括其他保單），都必須掌握以下四個簡單的原則：

一、安全性：商品的風險屬性是否與自己相符，不要買到自己無法承受

小辭典

保單宣告利率：保險公司會根據其相關資產報酬率自行訂定宣告利率，但不得為負數。目前保險公司每月的宣告利率都會比當月銀行 1 年期定存利率高，宣告利率越高的利變型保單，原則上，相對享有較高報酬率，但也有可能保險公司計算的附加費用率較高，而保單實質的收益反而較低。

的高風險商品。

　　二、變現性：如果投資期間有資金需求的時候，可否馬上變賣、贖回、解約拿回所需現金，而不會造成過大的差價損失。

　　三、續繳能力：如果所購買或投資的商品不是一次性付清，而是必須分期繳費，必須衡量自己未來的繳費能力，切勿超越自己能力所及。

　　四、收益性：如果所購買的商品確定符合前述三個條件，再來考量收益率夠不夠吸引自己去買這個商品，切勿貪圖高回報率，而造成不可承受的損失。

迷思07 | 年金險種類多又複雜，綁約時間長、不划算！

　　「利率變動型保單滿 6 年解約才不會虧本，時間太長了，不划算」、「利率變動型保險沒有保證收益，保險公司宣告利率黑箱作業，對保戶沒有保障」、「變額年金是投資型保單，只是把基金包裝成保險，沒有壽險保障，不如直接買基金」、「宣告利率與預定利率 * 怎麼看霧煞煞」……。

　　2016 年，在歐美、日本以及台灣處於低利率的環境下，刺激利變型保單買氣。根據壽險公會統計資料，壽險初年度保費收入大增 27.8%（見表 1-5），其中利率變動型壽險保費收入高達 5,806 億元，較前一年成長 30.6%（見表 1-6、見圖 1-12）。

　　雖然利變型保單狂銷現象引起主管機關的關注，隨即在 2016 下半年頒訂一些管制措施，希望能夠降低買氣，以免影響保險公司經營的穩健性，但低利率環境持續低迷下，民眾依然趨之若騖。

　　自 2001 年銀行定期存款利率開始走低後，利率變動型保險突然在市場崛起，雖然又有利率變動型年金、利率變動型壽險、利率變動型增額壽險之分，但「利率變動」系列的保單特色都一樣，因此被拿來當「定存」銷售，

小辭典　預定利率：由主管機關訂定，是不會變動的固定利率，也是儲蓄型保單保費計算的基礎。

表 1-5：台灣壽險 2016 年度保費收入統計表

單位：百萬元

項目		2016年	2015年	成長率(%)
初年度	傳統型	1,073,888	840,286	27.8
	投資型	122,257	182,670	-33.1
	小計	1,196,145	1,022,956	16.9
續年度	傳統型	1,773,643	1,638,391	8.3
	投資型	80,398	84,671	-5.0
	小計	1,854,041	1,723,062	7.6
合計	傳統型	2,847,532	2,478,677	14.9
	投資型	202,654	267,341	-24.2
	小計	3,050,186	2,746,018	11.1

資料來源：壽險公會

最主要的銷售通路是透過銀行或證券公司的理財專員銷售，透過保險業務員銷售的比例就相對小很多。

此外，市場上常見的類似性質保險還有「傳統年金」、「變額保險」、「萬能保險」等等。其中「利率變動型保險」與「萬能保險」又同時有「宣告利率」的設計。而「全權委託型變額保險」（俗稱「類全委保單」）也有類似基金配息的收益「撥回制」設計機制。

相信光是看到這些專有名詞，就已經令不少人暈頭轉向，更不用說是否搞清楚商品的內容，以及影響自己權益的最大關鍵為何？

表 1-6：2016 年度初年度保費收入來源別統計表

單位：百萬元

來源別	個人壽險	個人年金	投資型保險	個人傷害、健康
壽險公司	353,492	74,843	19,248	31,185
金融機構經代保代	503,278	23,645	98,029	449
傳統經代保代	67,857	2,394	4,980	2,608
合計	924,627	100,882	122,257	34,243

圖 1-12：2016 年度初年度銷售通路保費收入統計表

單位：百萬元

傳統經代保代 6.69%

80,050

490,526

保費總收入 1,196,145

壽險公司 41.01%

金融機構經代保代 52.3%

625,569

資料來源：壽險公會

利率變動型年金險吸金上兆元

是的，以上都是一般民眾心中的疑問，即使業務員也未必能說清楚、講明白，何況說了客戶未必會懂，甚至產生更多疑問而不容易促成簽單，於是為了簡化銷售流程，減少反對問題，利率變動型年金險在台灣被理財

專員及保險業務員當成「類定存」在賣，只教客戶看保單何時解約就不會虧本？保單年化報酬率或者宣告利率會有多高？至於年金保險的功能就省略不談。

過去因為銀行存款利率直直落，讓利變型年金險成了當紅炸子雞熱賣，每年上兆的保險費挹注保險公司過半業績，也造成保險公司拿著這筆資金去炒股、炒房產的詬病。而政府為了避免年金保單成了保險公司「吸金」的工具，影響保險公司經營的穩健性，逐年在收緊管控商品條件，從只要投保滿 1 年解約就會保本，要求至少要放滿 3 年，甚至現在必須擺滿 6 年以上。

確實這樣的政策產生嚇阻作用，民眾擔心有急用資金或者市場利率回升時，若中途解約取回資金會有虧本的疑慮，而讓買氣縮手，但上有政策，下有對策，保險公司改推出「利率變動型增額保險」、並給客戶「高額保費折扣優惠」、「降低業務員銷售佣金」方式，還是把部分利率變動型年金險保單修正回來投保滿三至四年就可以保本。

顧名思義，年金保險就是用來做為退休或特殊需求規畫的商品，因此，依照金管會頒定的利變型年金商品標準條款規定，至少必須要有 10 年的「保費累積期間」，保戶投保後如果在保費累積期間解約或者身故，僅能領取所繳保費加計利息，但尚得扣除保險公司的發單成本（俗稱的解約費用），包括保險公司已經支付的佣金、稅金、行政作業費用等等，都必須由保戶負擔，所以為了簡化解約費用計算，早期躉繳年金保單規定的解約費用率，第一年扣保費的 10%，第二年扣 9%，第三年扣 8%……依此類推，直到投保後滿 10 年才不會扣解約費用。

雖然利率變動型年金自 1990 年代，就已經在台灣推出，但當時一年期銀行定存利率還有 3% 至 4%，保單宣告利率與存款利率差距不大，對保戶沒有誘因，再加上限制解約期限的高額解約費用，更添銷售難度，所以在 2001 年之前根本乏人問津。

台灣的利變型年金保險之所以開始熱賣，是 2001 年發生亞洲金融風暴之際，銀行賴以生存的放款業務連環爆，尤其是大型不動產開發商及高科技業紛紛倒閉，一時之間銀行逾期放款、呆帳暴增，更加深銀行憂慮而不敢繼續放款，於是各家銀行存款無法消化，形成莫大的資金成本壓力，有些銀行甚至開始拒收大額存款。

年金保險並非短期定存替代品

在這樣的時空背景下，為了消化銀行的超額存款，讓銀行高層可以接受代銷保險，也讓民眾的存款有去處，於是保險公司提出修改利變型年金保險解約費用規定，縮短解約須扣解約費用的期限為 3 年，目的是與銀行的定存（最長 3 年）區隔，並建議銀行利用大數據篩選長期只做定存，沒有其他業務往來的客戶導引購買利變型保險，如此一來，對客戶而言，等同可以把資金放在 3 年以上的保單存款帳戶賺取比較高的收益，又不必擔心銀行拒收大額存款。

對銀行而言，銷售保單除了可以消化存款壓力，又可增加手續費收入，於是第一張修正制年金保險在台北國際商銀（已更名為永豐銀行）順利推出，很快一炮而紅創造出驚人的銷售績效，從此，利變型保險在銀行如

火如荼地銷售，也正式打開台灣的銀行保險渠道業務，而利變型保險也成為類定存保單的主力商品，銷售熱潮至今仍未消退。

事實上，年金保險絕對不是「短期定存」的替代品，筆者早在 2006 年就開始呼籲，修正制的年金保險只是時代產物，雖然有存在的歷史背景，但不應長期以此為銷售訴求，銷售人員及客戶應該還是要回歸「年金功能」的本質，也就是繳交保費是為了將來年金給付期間的保證，尤其是隨著民眾平均壽命不斷延長的長壽風險，年金保險幾乎是唯一可以同時對抗「通膨風險」、「長壽風險」、「再投資風險」的工具。

各類型年金保險在世界各保險先進國家，都是重要的退休規畫工具，而且市場上的商品種類眾多，民眾可依自己的需求找到合適的類型。因應未來人口老化及少子化因素，對養老退休的規畫，只要是滿 40 歲以上的民眾，就應該找專業的業務員積極規畫年金保單，而且務必弄清楚商品的內容、特性及給付條件，未來才能過著安心、有尊嚴的退休生活。

兼具保障與存錢功能的「類定存」保單，對於風險承受度較低，又希望享有比銀行定存受益高的投資人相當有吸引力。但是，要提醒讀者的是，以年金險、儲蓄險為主的類定存保單，其實風險保障的成分並不高，如果基本保障不足者，建議先將人身壽險、醫療、意外及長期照顧等基本保障補足，再來考慮類定存保單。

迷思08 | 有全民健保就夠了，何必再買醫療險！

　　「台灣的全民健保制度世界第一讚，不需要再買醫療險」、「健保大病小病都包了，不需要再自費買保險」、「醫療險太貴了，理賠金可能還比保險費少，根本不划算」……這些都是常見民眾對健康醫療保險存疑的理由。不僅如此，最近在網路與媒體上，還出現「保險費用付出的代價是犧牲現在的生活品質，多多運用『健保』加『保健』就足夠了」的言論。

　　每當見到這些觀念與想法透過各種管道傳播，都令人不禁擔心，若民眾信以為真而不規畫健康醫療險，一旦發生重大疾病，又不在健保給付的範圍時，面對龐大的醫藥費用，再來悔不當初就為時已晚。

　　報載，有位政論性電視節目名主持人，常在節目上告訴觀眾不需要買保險，買保險只是圖利財團等說法。沒想到，這位主持人卻因為突發的腦瘤開刀，必須自費的醫療手術費相當龐大，而考慮賣房籌措醫療費。所幸這位名人有些政商界朋友得知後，出手幫忙解決困境。很遺憾的是，2017年6月，該位主持人因為病情復發已經往生，而根據媒體報導，前後醫療費用自費金額超過千萬元。

　　這樣的新聞報導出來後，曾有不少保險從業人員提醒民眾要引以為鑑，卻引來其支持者批評，保險業務員不應在別人傷口上撒鹽一說。

　　我特別把這個事件寫進書裡，並非幸災樂禍，而是媒體公眾人物不應小覷自己的影響力，對於不熟悉的事物更要謹言慎行。試想，若這是一般

觀眾不幸罹病，沒有保險的保障，恐怕還真的得賣房、借款，才付得起龐大的醫療費用。

健保給付不再「俗擱大碗」

台灣俗擱大碗的全民健康保險制度全球知名，但那是到目前為止全民健保財務還能撐得住的狀況，一旦未來健保財務吃緊，勢必免費的醫療保障範圍會縮減，民眾必須自費的醫療項目和藥物會愈來愈多。當風險降臨，只靠全民健保，真的夠嗎？

很遺憾的，我要告訴大家，以上的憂慮都將成真。因為健保財務缺口愈來愈大，已瀕臨破產邊緣！

據前衛福部長 2016 年 11 月回答立委質詢時指出，雖然台灣健保目前仍有 2,300 億元的安全準備金，但到了 2017 年恐怕將開始出現虧損，若不進行費率調整，最多只能撐到 2020 年左右。

政府為了防止全民健保破產，陸續推出各項「開源、節流」政策。在開源措施上，雖然「二代健保」＊已在 2013 年實施，藉以增加課收補充保費，

小辭典

二代健保：於 2013 年 1 月 1 日正式實施，將保費區分為一般保險費及補充保險費兩大類，除依現行方式計收保費外，還針對經常性薪資以外的六項所得收取健保補充保費，包括：
1. 高額獎金：包括年終獎金、三節獎金、分紅等累積超過 4 個月投保金額獎金。
2. 兼職所得：車馬費、顧問費等。
3. 執行業務收入：通告費、代言費、稿費等。
4. 股利所得：現金股利、股票股利。
5. 利息所得：存款、債券等利息收入。
6. 租金收入：個人承租案件。

來挹注健保收入，但才三年光景，已經入不敷出。目前又開始著手規畫「三代健保」的方案，預計至少要花上 5 年時間，並且為了減少高薪低保的情況，三代健保將會以「家戶總所得」的方向來規畫。

至於節流方面，政府已開始逐步擴大實施的「總額預算制」及「住院診斷關聯群（DRGs）」給付制度，這些政策已明顯影響民眾的醫療品質及自費負擔的金額。

所謂「總額預算制（Global Budget System）」，指的是依全民健康保險法就特定範圍的醫療服務，如牙醫門診、中醫門診、西醫門診或住院服務等，預先以協定方式，訂定未來一段時間內（通常為一年）健康保險醫療服務總支出（預算總額），以酬付該服務部門在該期間內所提供的醫療服務費用，並藉以確保健康保險維持財務收支平衡的一種醫療費用支付制度。

總額預算制度的實質意義就是，政府在每年的健保給付採總金額控制，超出的醫療費用必須由醫院及民眾自行負擔。近幾年全民健保總額預算約 6,500 多億元，但實際醫療費用約一兆元左右，亦即中間大約有 4,000 億元的缺口，必須由醫療機構和民眾自行負擔。

另一個影響民眾就醫權益的是，實施「住院診斷關聯群」制度，簡稱 DRGs（Diagnostic Related Groups)。

DRGs 是什麼？簡單說，就是健保給付給醫院的方式改變，原本醫院治療病人花多少錢，健保就付給醫院多少錢，算是「實支實付」的方式。新制度則改成醫院治療好同一種病症的病人，就給付一樣的錢，如果醫院花更多的成本醫治病人，就會虧錢，反之；花更少的成本醫好病人，就會賺錢。

相信一般已經投保醫療險的民眾，最在意的，莫過於自己過去所保的

醫療險是否會因為 DRGs 而造成影響？

DRGs 實施之後，對需要就醫的病患可能造成下列 4 項影響：

1. 住院天數會減少；

2. 住院期間檢查項目與用藥減少；

3. 門診手術機會增加；

4. 醫院會要求增加自費項目。

或許，大家會認為如果新穎的醫療項目和專利藥材健保不給付，那退而求其次使用健保給付的藥物，或沿用傳統的醫療方式應該無所謂，不必要特別再花錢買醫療險保單。

的確，如果政府在管控醫療費用的同時，也可以兼顧醫療品質，達到相同的醫療效果，當然能省則省。

但在這些政策實施之際，不少台灣醫學界地位及名望崇高的醫師聯合出來發表聲明，指稱政府實施這些省錢政策會「把民眾的命也省掉」！醫界甚至擔心，未來慢性病老人和重病患者，最有可能會成為醫院拒收的「人球」。如果連專業的醫界人士都紛紛對此制度提出質疑，我們真的放心賭上自己或親人的健康？

舉例來說，大家或多或少聽過「達文西手術系統（da Vinci Xi System）」這個醫療名詞，馬偕醫院的網站資料說明：「達文西（機械手臂）手術系統充分結合美國太空總署（NASA）、國防部和眾多大學開發的先進科技，讓主刀醫師可以直接看到三維立體影像，並操控機器手臂上的仿真手腕手術器械，靈巧執行旋轉、抓取、捏夾動作，運用如同開腹手術一樣自然的操

作方式，能夠解決腹腔鏡手術的困難，使得外科手術達到前所未有的創新與突破，大幅提升手術品質，提供給病人最好、最精細的治療結果。」

在相關醫學報告中，肯定「達文西機械手臂手術」確實能大幅降低手術的療程和感染的危險性，但這項先進的醫療技術並不在全民健保的給付範圍之內。以台中榮民總醫院公告的收費標準，從最便宜的「腎切除處置」手術一次需自費台幣 35 萬元，到「微創性冠狀動脈繞道術」手術一次需自費台幣 75 萬元（見表 1-7），若是少了商業醫療保險補助，對需要此種醫療技術拯救性命的病人和家屬，將是極為沉重的負擔。

表 1-7：達文西機械手臂手術收費標準

手術項目	參考收費(萬元)	平均住院天數
部分腎臟切除手術	42	5
腎切除處置	35	7
膀胱全切除併尿路迴腸改道處置	40	5
攝護腺根除手術	43	6
攝護腺根除並骨盤淋巴摘除及神經血管保留處置	56	6
微創性二尖瓣修補術	70	9
微創性冠狀動脈繞道術一條	60	7
微創性冠狀動脈繞道術二條	65	8
微創性冠狀動脈繞道術三條以上	75	9

資料來源：台中榮民總醫院網站，2017 年 2 月 26 日

因此，我們應該思考的是：如何在現行全民健保體制下，用最少的預算規畫醫療健康保險，幫自己和家人建構完整醫療防護網，而不是要不要買健康險。

加碼實支實付醫療險

那麼，是不是已經購買健康醫療險的人，就可以安心了？

早期主流的醫療險以終身「日額險」居多，也就是按照住院天數給付保險理賠金，讓保戶住院天數愈多、領回的保險理賠金也就愈高，除了可以放心將病房升等外，也可以補貼雇人看護費用或因為生病請假扣薪所造成的損失。

對病患而言，都希望能夠得到最好的照顧，等到完全康復後再出院；但在 DRGs 制度下，醫院可不這麼想，倘若醫院為了節省支出，在病患未完全康復就要求出院，如果無法自費住院，恐怕風險就得由病人自己承擔了。

DRGs 實施後，可預見的健保給付的住院天數會減少，因此醫療險按日額給付金額也會減少，萬一病人受到院內感染，或沒有完全康復就出院，後續的治療因為沒有住院而無法申請理賠。或者想用自費改成較高品質的醫材或新藥，日額險也無法支應。

因應 DRGs 制度的實施，建議民眾購買商業醫療險，可依下列 3 種情況做不同安排：

第一種情況：沒有任何醫療險者，建議就可以直接購買「實支實付型」

醫療險，以補健保不給付的項目。

第二種情況：已有醫療險者，若購買的險種是年繳日額型定期醫療險，可考慮轉成非按日給付，而是「在限額內，依實際支出請領保險金」的實支實付型醫療險。而有些實支實付型保單，實際上就是「日額給付或實支實付二擇一」的險種，就不需要再另外轉換。

第三種情況：倘若已經購買終身醫療險或還本型醫療險，再繳幾年就要滿期者，在經濟許可下，可考慮續繳至滿期；若才剛開始繳費會覺得負擔沉重，因為醫療險無解約金，也可考慮停繳後，轉買其他「實支實付型住院醫療險」，或是「一次給付型的重大疾病險或癌症險」保單。因為第二階段DRGs已經納入心肌梗塞、冠狀動脈繞道等重大疾病，一旦不幸罹患特定病症，不管有沒有住院，都可藉由一次性理賠金，做為後續治療基金。

但是，選擇實支實付的住院醫療險時，也要留意保單條款。例如，實支實付分為列舉式和概括式。列舉式就是在保單條款中會列舉許多「住院醫療費用項目」可以理賠，採取正面表列，沒有列出來的就不賠；概括式的保單條款則選擇載明：「超過全民健康保險給付之住院醫療費用」均屬於理賠範圍。相較之下，當然是選擇後者較具彈性，因為醫療所需的醫材或藥品日新月異，隨時可能出現新藥或研發出更先進的醫材設備，理賠項目絕對不能被保單條款綁死，但兩者保費也因而有所差別，投保時可衡量自己的保費預算能力再做決定。

此外，必須注意的是，**實支實付醫療險均有住院天數及理賠上限的規定**，有些是 365 天，也有的是 120 天，若選擇給付 120 天的險種，超過的

表 1-8：完整醫療保障防護網規畫順序

優先順序	規畫目的
1 全民健保	全民健保不給付項目 1. 病房費差額 2.膳食費 3.高貴藥材 4.材料費 5.指定醫師費 6.特別護士看護費 7.醫學輔助藥材 8.血液費 9.掛號行政費 10.預防性手術
2 實支實付醫療險	當不幸因疾病或意外而住院診療時，以醫院繳費收據為實支實付的依據，補足全民健保住院不給付、必須自費的部分，以獲得更好的醫療品質。
3 日額型醫療險	當不幸因疾病或意外而住院診療時，以醫院醫師開立的診斷書為依據，按照住院日數給予日額補償。年輕時，做為安排基本生活支出的基金；年老時，做為聘請特別看護的費用，都可以安心住院診治。
4 防癌險	當不幸罹患癌症，極需足夠的療養與休息時，馬上獲得一筆現金，做為安排基本生活支出的基金，能得到高品質的住院、手術等醫療照護，可以安心休養。
5 重大疾病險	當不幸罹患重大疾病，極需足夠的療養與休息時，馬上獲得一筆現金，做為安排基本生活支出的基金，得以安心休息養病。
6 豁免保費保障	當不幸罹患重大疾病，或因疾病、意外所致之二、三級殘廢時，豁免全部保費，不用再繳費，依然能得到完整的醫療保障。
7 長期看護及失能扶助金險	當不幸導致失能時，每年獲得一筆現金，做為安排基本生活支出及醫療的基金，以維持生活品質與生命尊嚴，並且減輕家人負擔。

部分就無法獲得理賠。實支實付是指健保不給付必須自費的項目，依據醫院所提供收據由保險公司補償此部分費用的支出；如果保單條款中有「日額保險金的選擇權」，意思就是被保險人可以自行選擇採用日額或實支實付，可以試算最有利的方式申請理賠，是目前較夯的商品，但保費相對也會比較高。

　　健康醫療險的種類五花八門，到底哪一種應該列為優先購買，哪一種可以列為填補險種？表 1-8 是提供讀者建構完整醫療保障防護網規畫順序的參考，但仍須視個人需求而定，並非一定要依此順序辦理投保，例如有家族遺傳性疾病，像甲狀腺癌、乳癌，或許重大疾病保障應該優先於實支實付醫療險規畫。

迷思09｜政府已經開辦長照 2.0，不需再買長照險！

「政府已經開辦長照 2.0，以後即使老了失能，有政府長照基金照顧，不需要再買長照險」、「長照險、失能險、重大疾病險到底有什麼差異？會不會重複了，保險公司是不是換瓶不換藥」、「聽說長照險要達到理賠條件不容易，看得到用不到」，如果因為上述理由，而不去考慮規畫長照保險，正確嗎？

本書在一開始就用相當多的數據，說明未來台灣的人口結構的演變趨勢，高齡人口的長期照顧將會成為台灣未來最大的社會問題。尤其 2061 年台灣高齡人口比例預計達 38.8%，超過久居世界第一高齡國家的日本，因此，台灣老人照護政策的重要與急迫性，絕不容忽視。

由於台灣早期強力推行節育政策，自 1960 年代起婦女生育率呈長期下降趨勢，未來總人口成長由正轉負，將是不可避免的趨勢。

根據國發會最新的人口推估報告指出：台灣人口負成長預估於 2021 至 2025 年間發生，最高峰人口數預估介於 2,360 萬人至 2,372 萬人（見表 1-9），此後即進入人口負成長時代。

隨著少子化與高齡化結構演變，15 至 64 歲工作年齡人口將逐漸減少，而人口老化所帶來的衰老與慢性疾病，導致失能人口將大幅增加，未來家庭的經濟與生活型態勢必連帶受到衝擊，如何妥善因應高齡社會所帶來之

挑戰，已成為政府與民間所關切的重要社會議題。尤其是獨居老人快速增加，若無完整妥善的長期照護計畫，衍生的社會和經濟問題會更形嚴重。

截至 2016 年 8 月，台灣老年與幼年人口數之比約為 1：1.0（見表 1-10），老化指數為 98.8％，隨著少子化及高齡化趨勢，老年人口數將於 2017 年超過幼年人口數，這也是我們常聽到的台灣的人口紅利將消失，直到 2061 年，老化指數將達 406.9％，老年人口約為幼年人口之 4.1 倍。

表 1-9：台灣人口高峰期推估人數

	項目		
	高推估	**中推估**	**低推估**
2018年底	2,359萬人	2,359萬人	2,359萬人
預估人口最高峰	2027年2,372萬人	2024年2,361萬人	2021年2,360萬人
較2016年增加	26萬人/0.2%	19萬人/0.0%	12萬人/0.2%
2065年底	1,880萬人	1,735萬人	1,601萬人
較2016年減少	479萬人/-10.1%	624萬人/-13.2%	758萬人/-16.4%

資料來源：國家發展委員會，2018 年 8 月

從人口結構樣貌圖（見圖 1-13）由 1961 年的金字塔型，到 2016 年的燈籠型，再到 2061 年的倒金鐘型，就可以感受到人口結構老化的嚴重性。

有鑑於未來人口老化可能衍生的社會問題，政府雖著手制定各項高齡

圖 1-13：台灣人口結構樣貌圖演變

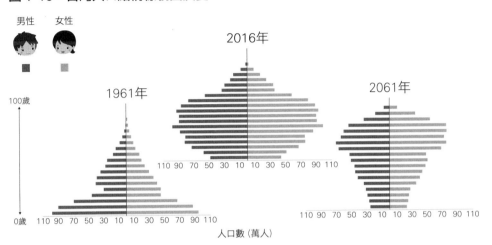

備註：縱軸為年齡（0～100 歲），橫軸為人口數（萬人）
資料來源：國家發展委員會，2016 年 8 月

表 1-10：老化指數與年齡中位數（中推估）

備註 1：老化指數＝ 65 歲以上人口 ÷0-14 歲人口 ×100%。備註 2：老年人口係指 65 歲以上人口，幼年人口係指 0-14 歲人口
資料來源：國家發展委員會「中華民國人口推估報告」，2016 年 8 月

相關政策，從「人口政策綱領」、「社會福利政策綱領」到「人口政策白皮書」，立意都非常好，但礙於經費、人力、官僚體制、政黨輪替等因素，實際執行成效並未彰顯。

政府長照規畫緩不應急

為了滿足長期照顧需求人數的快速增加，行政院於 2007 年 4 月核定第一個「長期照顧十年計畫」，規畫在 10 年內挹注新台幣 817.36 億元經費，以建構一個符合多元化、社區化（普及化）、優質化、可負擔及兼顧性別、城鄉、族群、文化、職業、經濟、健康條件差異之長期照顧制度。

2017 年台灣開始實施《長期照顧服務法》及第二個「建構長期照顧體系十年計畫」（俗稱長照 2.0），雖然擴大服務對象由長照 1.0 的 4 大類擴增為 8 大類，服務項目也由原來的 8 項增為 17 項（見表 1-11）。

看似對民眾的福利，但仔細深入分析，以 2017 年為例，符合長照的人口推估有 73 萬 8,000 人，而政府僅編列 330 億元台幣的預算，核算後每人每月可分配資源僅約 3,500 元，若扣除行政或設備成本，金額將會更低，如果真的合乎法定的長期照顧條件，若以各類型照顧機構的收費標準，根本是杯水車薪。

台灣 65 歲以上人口在 2017 年已達 310 萬人，但政府估算，符合長照 2.0 可申請服務條件的人數約僅 46 萬人，也就是說，其他 85% 屬於健康或亞健康的老人，總數約 265 萬人無法申請政府給予救助或服務，而必須自食其力。

表 1-11：長照 1.0 與長照 2.0 比較

長照1.0	長照2.0
服務對象（備註）	**新增服務對象（4項增為8項）**
1. 65歲以上失能老人	5. 50歲以上失智症者
2. 55歲以上山地原住民	6. 55-64歲失能平地原住民
3. 50歲以上身心障礙者	7. 49歲以下失能身心障礙者
4. 65歲以上僅ⅠADL需協助之獨居老人	8. 65歲以上僅IADL失能之衰弱（frailty）老人
服務項目	**新增服務項目（8項增為17項）**
1. 照顧服務（居家服務、日間照顧及家庭托顧）	9. 失智症照顧服務
2. 交通接送	10. 原住民族地區社區整合型服務
3. 餐飲服務	11. 小規模多機能服務
4. 輔具購買、租借及居家無障礙環境改善	12. 家庭照顧者支持服務據點
5. 居家護理	13. 社區整體照顧模式（成立社區整合型服務中心、複合型服務中心與巷弄長照站）
6. 居家及社區復健	14.&15. 預防及延緩失能之服務
7. 喘息服務	16. 銜接出院準備服務
8. 長期照顧機構服務	17. 銜接居家醫療

備註：適用服務對象前提是「日常生活功能受損而需要由他人提供照顧服務者」
資料來源：衛福部

但因為少子化關係，家中若有高齡長輩需要陪伴、照顧，而必須送至照護機構時，龐大的照顧費用，依各類型服務機構收費標準，若不及早規畫商業保險安排，恐怕對子孫輩將會是沉重的負擔。

或許有讀者還存有傳統「養兒防老」的想法，根據衛福部統計資料顯示，子女或孫子女奉養長者的比率正逐年降低。在未來，子女的生活和經濟壓力勢必比現在還大，萬一我們因為失能、失智而必須有人照顧時，恐怕已非子女能力所及，若以平均約 8 年的照顧時間，目前照顧費用每月約需 7 萬 5 千元來算，一年約需 100 萬元，8 年花費將高達 800 萬元，再加上其他費用，相當於每一位老人約需準備 1 千萬元（見表 1-12）才足夠支付照顧費用，如果不透過保險分散風險，勢必會拖垮子女，相信這絕對是為人父母最不願看到的結果。

經過上述分析，可以清楚知道依賴目前政府所推的長照機制確實明顯不足，唯有自己預先規畫，才能應付萬一不幸需要長期照顧時的生活、看護費用。

目前由保險公司發行的長期照顧保險，大抵可分為：「長期看護險」（長期照顧險）、「類長看險」（特定傷病）及「失能扶助險」三大類，每一種保單的定義與保障範圍不同，而這些不同點都將可能密切影響著保戶未來的理賠內容，投保人必須依自己的預算及個別狀況（例如家族病史、工作屬性、現有保單等等），規畫適合自己的保障計畫。

有關市面上所銷售的三類「長期照顧險」之間的差異，將留待本書第二部分「規畫篇」詳細介紹。

表 1-12：各類型服務機構收費標準調查

照顧服務類型		區分	收費標準（元/月）
機構式		立案療養床	25,000
		未立案療養床	12,000～30,000
		護理之家	30,000～40,000
居家式		自行照顧	15,000～30,000
		專人照顧	白天：30,000～40,000
			全天候：60,000～70,000
			外籍看護：20,000以上
			本籍看護：50,000以上
護理之家	民間業者	北部地區	15,000～16,200/床
		中南部地區	12,000～13,000/床
	台北市立聯合醫院附設護理之家	入住保證金	50,000（次）
		住房費	1. 單人房：59,000 2. 雙人房：43,000 3. 四人房：39,000
		一般膳食費	約12,000（管灌飲食需補差額）
		一般照護護理費	視患者狀況而定

備註：適用服務對象前提是「日常生活功能受損而需要由他人提供照顧服務者」
資料來源：衛福部

迷思10 | 買保險可以節稅，是富人專利！

「稅捐機關依實質課稅原則認定，保險不能節稅，所以保單不是節稅的工具」、「我沒有高資產傳承的困擾，不需要規畫保單來節稅」、「設境外公司、買農地、買公共設施保留地、骨董藝術品等節稅管道比買保單好」……這些是我們常聽到與保單稅務規畫相關的訊息，然而，「保單不能節稅」的說法，也成了高資產民眾拒絕買保單的理由。

台灣早期遺產稅及贈與稅稅率最高達50%，當時大家戲稱「富不過三代」，是因為財產被政府搶光了，不是被子孫揮霍殆盡。

對擁有高資產的人而言，如何節稅是他們關心的問題，過去只要能合法節稅的管道，都會被做為行銷訴求，於是設開曼、百慕達等地境外紙上公司（OBU）、到海外金融機構開立帳戶藏錢、購買公共設施保留地捐地抵稅、購買農地繼承免稅，或者購買骨董字畫、珠寶，利用本金自益孳息他益股票信託……等等都是常見節稅管道。

當時高資產客戶在銀行的存款金額幾乎透明，直到銀行保險業務崛起，大家注意到《保險法》第112條、遺產暨贈與稅法第16條第9款規定「人身保險的死亡保險金不列入遺產總額計算」。

一時之間，高額保單成為客戶節稅的最佳管道，上億元保費的節稅保單比比皆是。直到大法官會議決議文「實質課稅原則」出來後，各地稅捐機

關援引做為課稅依據，這股「保單節稅」的熱潮才冷卻下來。

　　近年來，稅捐機關不斷擴大適用「實質課稅原則」的案例出現，是高額保單的殺手鐧，讓過去有錢人趨之若鶩的高額保單規畫，變成「乏人問津」。

　　什麼是「實質課稅原則」？1997年1月17日台灣大法官會議釋字第420號解釋文「涉及租稅事項之法律，其解釋應本於租稅法律主義之精神；依各該法律之立法目的，衡酌經濟上之意義及實質課稅之公平原則為之」，正式把外國立法例「課稅原則」具體導入台灣，稅捐稽徵機關可不受納稅義務人表面的法律關係所限制，直接依背後的實質經濟情況做為課稅標準。

　　因為沒有一個客觀標準，「實質課稅原則」成為稅捐稽徵員主觀認定上做為逃漏稅裁罰的尚方寶劍，如果被認定保單是為規避課稅目的投保，就被判定違反該原則而必須課稅，甚至課以加倍罰緩。

　　當愈來愈多的高額保單個案被課稅後，「保單可以節稅」的訴求幾乎銷聲匿跡，尤其是2009年台灣的「遺產暨贈與稅」調降為單一稅率10％之後，保單節稅已經沒有賣點，直到2017年因為政府實施長照2.0的財源需要，再次修法將遺產稅最高稅率調高為20％，高資產客戶擔心未來遺贈稅率可能會再調回高稅率，「保單能否節稅？」的問題才再受到關注。

　　事實上，過去不論是保險業務員或銀行理專，都把保單節稅的訴求重點放在遺產稅的節稅「管道」、「方法」上，也就是把保單當成與其他節稅管道（買農地、設OBU、買骨董字畫）並列，於是烙下「節稅＝高額保單」的印象，當最高法院「實質課稅原則」解釋文出來後，就變成作繭自縛，而無法再以保單跟客戶訴求稅務規畫。

保單做稅務規畫三原則

保單到底可不可以做稅務規畫？

我的答案是肯定的，因為攸關個人財產的稅務項目有三：所得稅、贈與稅、遺產稅。保險仍然可以用來做為這三種稅別的節稅工具，相關法律適用優惠的規定仍然有效。只是傳統的思維模式要改變。為什麼這麼說？

坊間教導節稅的管道、方法、工具琳琅滿目，骨董商、珠寶商、土地仲介、房屋仲介、代書、會計師、財務規畫師、資產管理顧問、地下保單仲介……，每個人都可以說出一套節稅秘笈，令人眼花撩亂。

但我要強調，並且建議大家的是，**規畫資產節稅要考慮三項原則：合法、簡單、變現性。**

一、合法：當然是指法令明文可以做為節稅的方法，如果遊走模糊地帶的法律邊緣，一旦政府採防堵措施，明文規範或頒定行政解釋不能節稅時，可能過去所有的努力將付之一炬。例如利用購買公共設施保留地做為未來繼承發生時抵稅用，但等若干年後繼承發生時，如果政府因為現金稅源不足，取消可以公設地抵稅規定，就會發現不但無法節稅，還得費心處分這些沒有實質用途的公設地。

二、簡單：節稅方法愈複雜，就得愈依賴幫你出主意的人處理，自己的掌控性相對低，風險相對變高。例如設立紙上境外公司，必須先花錢找代辦機構設立境外公司，以後每年還得花錢維持紙上公司營運的假象，未來還可能被肥咖條款[20]（FATCA）、共同申報標準[21]（CRS）列為查稅的對象，風險之大可想而知。

三、**變現性**：資產節稅的工具或管道，還必須考慮變現性問題。也就是一旦有資金需求，有沒有辦法馬上處分這些節稅用的資產，變成可以應急的現金？例如買了骨董字畫如果要脫手，是否馬上有買家接手，價格有沒有穩定的市場行情？

除了把握前面三個原則外，由於法律規範愈來愈嚴謹，稅捐機關的查稅能力與資訊愈來愈完整，在這些原則下找尋可用的管道或工具，必須要能**達成三個目標：減少課稅資產總（淨）值、降低適用課稅稅率、預留未來繳稅稅源**（見圖 1-14）。

圖 1-14：稅務規畫 6 塊拼圖

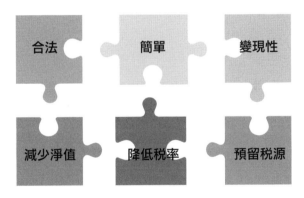

（註 20）肥咖條款（Foreign Account Tax Compliance Act，簡稱 FATCA）：正式名稱是「外國帳戶稅收遵從法」，是美國為了防止納稅義務人利用海外帳戶規避稅捐及掌握其海外資產，要求全球金融機構向美國政府通報美國人的金融資料，以供查稅之用。

（註 21）共同申報標準（Common Reporting Standard，簡稱 CRS）：是經濟合作暨發展組織（OECD）於 2014 年 7 月發布各國政府主動取得該國金融機構帳戶持有人資訊，並與帳戶持有人之稅務居住國進行稅務資訊交換，以防堵跨國之逃漏稅行為。

因此，如果妥善規畫得當，保險依然可以利用上頁的稅務規畫6塊拼圖，做為合法節稅的工具，發揮節稅及資產保全、資產傳承的效果。

那麼，實際要如何透過保險做節稅規畫，在第二部分「規畫篇」中將再詳細說明。

以上條列了10個常見拒絕買保險的迷思，經過解析之後，相信讀者應該已經清楚「保險」有其不可替代的功能和必要性；但也不能因此就隨便亂買保單，因為「不當的規畫比不規畫更糟糕」。一定要先做好功課，清楚個人或家庭不同階段的需求，再與業務員進行商品規畫討論，也就是我們常聽到的KYC（Know your customer，了解你的客戶）及KYP（Know your product，了解你的商品），之後還必須「與時俱進」地定期做保單檢視、調整，這樣的保單規畫方式才足以建構完整的人生防護網，確保自己和家人能一生平安幸福。

PART

II

規畫篇

分齡保險術，
買對需要兼顧理財規畫

　　人的一生不論貧富貴賤，從幼年、求學、結婚、養兒育女、退休，到離開人世，必經生、老、病、死歷程。生命過程中所追求的目標或理想因人而異，有人想要功成名就、有人想要財富豐盈、也有人不忮不求，歸納起來不外乎：「必要」、「需要」、「想要」三種不同層次的追求與滿足，只是人生路上並非一路平順，一旦發生風險事故，不但無法完成目標，甚至會讓過去的努力前功盡棄。如何才能呵護得來不易的成果？我認為，透過「保險」產品就能將這三者鏈結起來，並且維持穩固關係。

圖 2-1：人生追求 3 層次

　　美國心理學家亞伯拉罕‧馬斯洛（Abraham Harold Maslow）也把人的需求分成五層次：生理需求（如食物、水、空氣）、安全需求（如人身安全、

生活安定、安全的住所）、社交需求（團體、群體、歸屬感）、尊重需求（功成名就、獲得他人肯定）、自我實現需求（潛能發揮、使命感）。其中，透過保險機制，來規避可能面臨風險，就是屬於「安全需求」。

社會上絕大多數的人，都必須經歷從無到有的奮鬥歷程，才能一層一層往上追求人生的理想和目標，儘管有人可以因為父祖輩庇蔭，不必為三餐奔走、不必擔心奉養父母、照顧妻小的家庭經濟壓力，但所有人都不能倖免「走得太快」、「活得太久」、「走不掉」的風險。

圖 2-2：馬斯洛的人類需求五層次理論

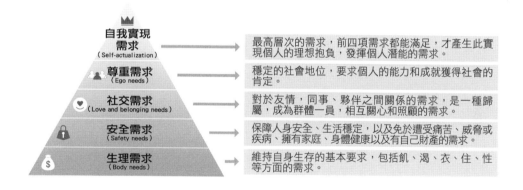

用保險防堵人生風險

我就用三張「人生草帽圖」來說明，為什麼大部分的人需要保險？

在這份人生草帽圖中，以收入與支出的分界點來做為區分，將人生概分為「教育期」、「奮鬥期」、「養老期」三個階段。

圖 2-3：人生草帽圖（一）

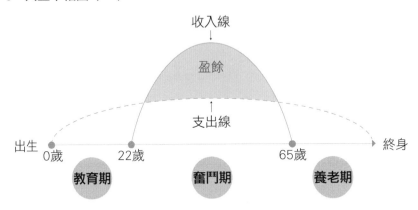

0 至 22 歲是「教育期」，在這段期間幾乎只有支出、沒有收入，主要經濟來源必須依賴父母長輩支付生活與教育費用。

22 至 65 歲是「奮鬥期」，大約有 40 年的時間是人生黃金時期，是創造收入的重要階段，同時也是家庭經濟負擔最重的階段。

65 歲以後是「養老期」，從工作崗位退休後，如果能達到「財務自由」*，便應該是享受人生的養老期。

在人生草帽圖一（見圖 2-3）中，我們可以清楚看出，從出生畫到終身的「支出線」，代表著我們從出生的那一刻便開始花錢，直到死亡。而 22 歲前的教育期因為沒有穩定收入，經濟的擔子主要還是在父母身上。

 財務自由：指一個人無需為生活開銷而努力為錢工作的狀態。簡單地說，就是個人資產產生的被動收入等於或超過日常的開支。（維基百科）

接著，是大學畢業後到退休階段，就得負起養家活口的責任，因此收入線會落在「奮鬥期」，收入扣除支出後，有機會產生盈餘的區塊，而這些累積的盈餘，也是我們未來退休後的養老本。在退休後進入養老期，收入銳減，但日常生活休閒費用不可少，醫療照顧費用也會逐漸增加，如果子女沒有能力奉養，便必須靠奮鬥期累積的盈餘來支付。

這樣的人生樣貌圖就像一頂草帽，如果沒有風險降臨，雖不至大富大貴，但大概也可以安度一生。

但「天有不測風雨、人有旦夕禍福」，意外與疾病的風險可能隨時降臨在自己身上，像大部分的讀者都處在人生的奮鬥期為家人打拚，如果我們還沒累積足夠的財富，下有子女還在教育期求學階段，上有雙親已經退休需要奉養，收入線的盈餘隨時可能因為風險的來臨而降低或消失，甚至龐大的醫療費用會把過去辛苦賺來的積蓄消耗殆盡（見圖 2-4），相信對個人和家庭都會是重大衝擊。

圖 2-4：人生草帽圖（二）

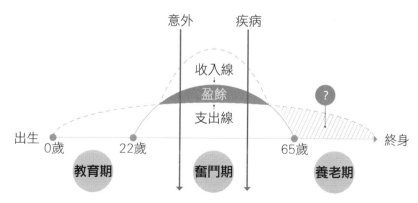

當然，透過親戚、朋友、社會救助，或許可以幫我們度過一時難關，但後續的苦難才是真正的問題，在這樣的情況下，要能保有人生週期的收入與支出計畫，最好的安排就是及早做好合適的保險計畫（見圖2-5）。讀者必須要建立一個正確的觀念，**保險的目的不是要改變我們的生活，而是要防止我們的生活被改變。**

然而，人生草帽圖中的「教育期」與「養老期」，雖然不必負起家庭經濟重擔，但一樣可能因為突如其來的風險，而讓自己或家庭陷入困境，尤其是重大傷病事故造成的醫療費用或長期照護支出，恐怕會打亂家庭的生活步調，甚至拖垮整個家庭的經濟計畫。

圖 2-5：人生草帽圖（三）

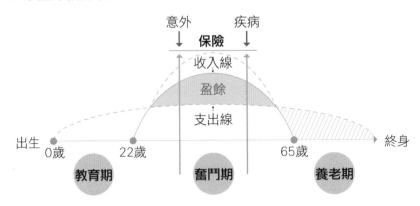

本篇將藉由人生不同週期，所存在的內外在場景和需求，讓讀者了解不管是保險、理財或資產規畫，都是一個動態的，而不是一勞永逸的靜態

需求，必須隨著年齡、家庭結構、經濟能力，甚至是政府的醫療、老人福利等社會政策不斷檢視，並做最適當的因應，調整不同的規畫方向與商品組合，這樣才能在風險來臨時降低衝擊與所造成的損害。

什麼年齡該買什麼險？

透過人生草帽圖的收入、支出線，了解人生可能風險與保險規畫的必要性後，我們就用人生從搖籃到墳墓的五大週期：學齡期、青年期、壯年期、空巢期與退休期，來一一分述在不同週期，個人、家庭責任與義務，以及可能的外在環境，面臨的健康及資產風險問題等，對應人生五大需求：保障、理財、子女教育、退休規畫及資產傳承等，進而提早做好風險規畫、理財規畫、資產規畫三大規畫方向。

圖 2-6：生命週期與理財需求規畫

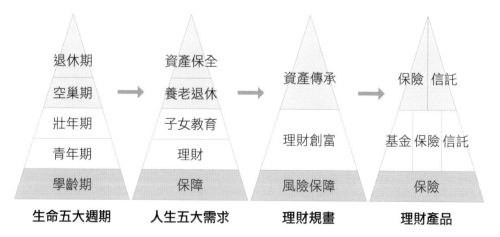

　　再透過現有的保險商品種類做範例，說明在不同的週期、需求與規畫階段，如何透過保險達成保障的目的或設定的目標，以構建完整的風險防護網，並以實際的商品，針對個人的經濟能力、需求與規畫目標，提出 CP 值最高的投保建議。

　　在生命週期與理財需求規畫圖中（見表 2-1），可以看出因應不同的生命週期與需求，人生所面臨的風險與規畫都必須隨之調整。就像是青年期的讀者，才剛畢業開始賺錢，因此人生需求與保險規畫都要以「（個人）理財」為重；然而壯年期的讀者，雖然同樣要注重理財規畫，卻偏重子女教育需求。

　　整體而言，死殘保障的風險規畫應隨年紀增長而降低（長壽風險則會隨年紀增長而升高）；理財創富規畫則應依個人收入曲線及風險屬性，隨著年齡增長先增加後減少；資產傳承需求則應隨著年齡增長而逐漸增加比重。

　　了解不同生命週期所需要的保險比重後，為了方便讀者規畫，我再以目前的商業保險項目細分，規畫出不同階段必備保單的優先順序。讀者可以由表 2-2 看到，在風險保障規畫的商品組合部分，包括意外險、住院醫療險、防癌險、長照（失能）及重大傷病險；至於投資型、類定存、儲蓄型保險則可做為理財創富的商品規畫；年金險、萬能保險則可做為長壽、資產傳承的商品組合。

　　我要再次強調，這樣的類別區分只是方便讀者參考對照，例如年金保險、萬能險如果只是當成短期性理財目的，就會被歸類為類定存保單或儲蓄險性質。所有的保單規畫，仍然視實際個人狀況與實際需求而定。

表 2-1：五大週期風險保障規畫

五大週期	年齡（歲）	社會／經濟活動	五大需求	主要風險考量	保險規畫比重		
					風險保障	理財創富	資產傳承
學齡期	0～25	求學、打工／日常開銷、學費支出	保障需求	意外及重大疾病醫療費用支出	死殘風險		
青年期	26～35	進入職場／自給自足／供養父母／結婚成家	創造財富	意外及疾病死亡、重大疾病、失能長期照顧			
壯年期	35～55	基層員工、中低階主管／購屋、家庭開銷、子女教育	子女教育	意外及疾病死亡、收入中斷、失能長期照顧			
空巢期	55～65	資深員工、高階主管／子女購屋、子女創業、子女深造	退休養老	重大疾病、失能、長期照顧費用、退休金不足			
退休期	65以上	退休、養老／休閒開銷、養生保健、醫療照顧	資產傳承	長期照顧費用、長壽風險生活開銷、資產保全傳承	長壽風險		

備註：色塊深淺代表重要程度，愈深者應該規畫保險的比重愈高
資料整理：吳鴻麟

表 2-2：五大週期險種規畫重要性

圖例：依重要性類推，顏色愈深表示愈重要
● ● ● ○ ○

人生週期	年齡	狀態	風險保障規畫				理財創富規畫			資產傳承規畫	
			意外險	住院醫療險	防癌險	長照失能／重大傷病險	終身／定期壽險	儲蓄／類定存險	投資型保險	年金險	萬能險
學齡期	0～25	幼兒～小學	●	●	●	○	○	○	○	○	○
		國中～高中	●	●	●	○	○	○	○	○	○
		大學以上	●	●	●	○	●	●	●	○	○
青年期	25～30	單身	●	●	●	●	●	●	●	●	●
		結婚	●	●	●	●	●	●	●	●	●
壯年期	31～55	單身	●	●	●	●	●	●	●	●	●
		已婚無子女	●	●	●	●	●	●	●	●	●
		已婚有子女	●	●	●	●	●	●	●	●	●
空巢期	56～65	子女離家	●	●	●	●	●	○	○	●	●
退休期	65以上	退休安養	●	●	●	●	○	●	○	●	●

資料整理：吳鴻麟

接下來，本書將依各不同週期說明，並提供商品組合的建議，尤其是在可支配的預算下，如何規畫符合需求且 CP 值最高的商品組合。

規畫01 | 學齡期 保險需求及商品規畫

☞ **人生週期：從出生到求學畢業階段**

　　一般來說學齡期會在大學畢業後結束，但也有可能提早就業或繼續深造，因此，學齡期結束年齡可能提前，亦可能延後至研究所畢業。此階段被保險人大部分無經濟能力，必須倚賴家人撫養、照顧，支付生活費、教育費。縱使有打工或家教、兼職，亦僅能自給自足。

☞ **投資屬性：**無，除少數長輩給予計畫性儲蓄外，大部分的學齡期客群無投資需求，因此不會去做投資屬性分析。

☞ **保險需求：**學齡期的保險需求不在於發生死亡事故可領多少理賠金（留給遺屬使用），而是要補償因意外或疾病所需要的醫療費用或長期照顧的開銷。尤其是重大的醫療費用支出，迷思四所舉的「八仙樂園塵爆案」就是一個令人悲痛的實例。

　　保險制度設計的本質，就在於保障家庭中主要經濟支柱者，萬一發生危險事故，可讓家人獲得保險金給付，以免生活陷入困頓，得以繼續維持原本的生活。因此，《保險法》第 16 條 [22] 有關要保人與被保險人間「保險利益」的存在關係，也是以「經濟上利害關係」或「身分關係」為依據。

（註 22）《保險法》第 16 條：要保人對於下列各人之生命或身體，有保險利益：一，本人或其家屬。二，生活費或教育費所仰給之人。三，債務人。四，為本人管理財產或利益之人。

表 2-3：學齡期 CP 值最高保險組合 出生～小學階段（0 ～ 12 歲）以 6 歲為例

規畫險種		保額	保費預算	組合特色
意外傷害險	死殘保險金／殘廢	200萬元	1,422元	1. 建議購買產險公司組合套餐 2. 增加特定燒燙傷給付項目 3. 實支實付醫療保障要足夠 4. 應注意選擇有自動續保附加條款的商品投保
	傷害醫療保險金	2萬元		
	住院醫療保險金	2,000元／日		
	特定燒燙傷給付 （6級11項）	200萬元		
一年期實支實付醫療險		計畫四／ 日額2,000元	4,276元	1. 因意外或疾病必須住院治療時，可以用來補貼病房費、雜費及外科手術保險金 2. 由於各公司的投保限額不同，若預算許可，可在不同保險公司規畫購買兩張（含）以上可副本理賠的實支實付醫療險
30年期防癌險		100萬元	1,380元	萬一罹患癌症可請領一次性保險金，以做為後續治療基金（參閱小提醒1）
一年期住院醫療日額保險		1,000元	1,150元	以住院天數給付日額理賠，可補償無法取得收據的支出，例如看護費用，或家屬請假照顧病人的間接損失
總保費（年）				8,228元

小提醒：

1. 表列規畫內容，除「防癌險」為30年期定期保險以外，其他均屬一年期保單，採「自然保費制」設計，因此續保時，部分險種保費會隨年齡增大而增加。

2. 一年期或定期保險投保時，應注意有無保證續保的條款，及最高續保年齡為何。

3. 《保險法》對未滿15歲未成年人有死亡保險投保限制，請參閱常見問題說明。

備註：本範例僅供參考，表列險種名稱、內容及費率，各保險公司會有差異，仍依各公司實際規定為準

上頁的組合範例，保險規畫重點即在於意外醫療及癌症險，年化保險費約在 8,000 至 18,000 元左右。

☞ **規畫重點：**

1. 學齡前兒童的生活空間不外乎家裡、托兒所、幼兒園，且活動力相對較弱，家長或保母比較容易注意，因此發生意外事故的頻率較低、受傷程度也相對輕。因此，意外險規畫重點在於實支實付、傷害醫療及住院日額保險金為主。

2. 學齡前兒童的疾病抵抗力相對較弱，先天性或遺傳性疾病大部分會在幼齡階段診斷出來，因此疾病住院醫療部分是考慮保險規畫重點之一，由於 DRGs 實施，彌補自費醫療差額為優先考慮項目，其次再考慮住院日額醫療。

3. 國小階段的孩童活動範圍，主要仍在校園與家裡，但活動力較強，所以規畫重點在於一些小意外造成的醫療費用支出。

4. 幼年投保「失能扶助險」費率較低，如果預算足夠，可考慮增加殘扶險保障。

5. 新生兒出生後，應把握在新生兒公費先天性疾病篩檢報告出來之前投保，尤其是有家族遺傳病史的新生兒更要盡快辦理投保，以免一旦檢查有異常時即無法短期內購買醫療險。

表 2-4：學齡期 CP 值最高保險組合 中學時期（13 ～ 18 歲）以 15 歲男性為例

規畫險種		保額	保費預算	組合特色
一年期定期保險		300萬元	1,500元	保險期間內因疾病或意外身故時，由家屬領取身故保險金
意外傷害險	死殘保險金／殘廢	100萬元	1,644元	1. 建議購買產險公司組合套餐，滿15歲後購買大眾運輸工具意外事故增額保障200萬元 2. 除基本傷害基本保障外，另有特定燒燙傷100萬元加值保障 3. 注意選擇有自動續保附加條款
	傷害醫療保險金	2萬元		
	住院醫療保險金	2,000元／日		
	大眾運輸工具增額保障	200萬元		
	搭乘交通工具增額給付	100萬元		
一年期實支實付醫療險		計畫四／日額 2,000元	4,276元	1. 因意外或疾病必須住院治療時，可以用來補貼病房費、雜費及外科手術保險金 2. 由於各公司的投保限額不同，如果預算許可，可在不同保險公司規畫購買兩張（含）以上可副本理賠的實支實付醫療險
15年期防癌險		100萬元	1,250元	萬一罹患癌症可請領一次性保險金，以做為後續治療基金
一年期住院醫療日額保險		2,000元	2,300元	調高住院日額，以住院天數給付日額理賠，可補償無法取得收據的支出，例如看護費用，或家屬請假照顧病人的間接損失
總保費（年）				10,970元

備註：本範例僅供參考，表列險種名稱、內容及費率，各保險公司會有差異，仍依各公司實際規定為準

☞ **規畫重點：**

1. 國中階段活動範圍擴大，在外時間增加；高中開始可能有部分人已開始在外打工，相對發生意外事故風險高，是此階段要加強的保障項目。

2. 已滿 15 歲無死亡保險投保限制，可規畫定期壽險做為萬一發生死亡事故

時，做為喪葬費用開銷為原則。如預算有限，可規畫具保證續保條款之一年期定期壽險為投保；若經濟能力許可，可投保長年期定期壽險。

3. 如預算充裕，可適度提高失能扶助險、癌症險、住院醫療險，以加強癌症、醫療防護網。

表 2-5：學齡期 CP 值最高保險組合 大學時期（18 ～ 22 歲）以 20 歲男性為例

規畫險種		保額	保費預算	組合特色
一年期定期壽險		300萬元	3,000元	保險期間內因疾病或意外身故時，由家屬領取身故保險金
意外險	死殘保險金／殘廢	200萬元	3,025元	1. 建議購買產險公司組合套餐 2. 除基本傷害基本保障外，另有特定燒燙傷200萬加值保障 3. 注意選擇有自動續保附加條款 4. 提高傷害醫療（實支實付）的額度
	傷害醫療保險金	3萬元		
	住院醫療保險金	2,000元／日		
	大眾運輸工具增額保障	400萬元		
	搭乘交通工具增額給付	200萬元		
一年期實支實付醫療險		計畫四／日額 2,000元	4,711元	1. 因意外或疾病必須住院治療時，可以用來補貼病房費、雜費及外科手術保險金 2. 由於各公司的投保限額不同，如果預算許可，可在不同保險公司規畫購買兩張（含）以上可副本理賠的實支實付醫療險
15年期防癌險		100萬元	2,030元	萬一罹患癌症可請領一次性保險金，以做為後續治療基金
一年期住院醫療日額保險		3,000元	4,950元	以住院天數給付日額理賠，可補償無法取得收據的支出，例如看護費用，或家屬請假照顧病人的間接損失
總保費（年）				17,716元

備註：本範例僅供參考，表列險種名稱、內容及費率，各保險公司會有差異，仍依各公司實際規定為準

☞ **規畫重點：**

1. 大專以上階段在外活動時間長，若有騎乘汽、機車交通工具，意外事故風險高，投保意外險的保額應加倍。

2. 打工、兼差工作機會大，若到外地求學，居住環境風險較難掌控，因此必須加強公共危險造成傷害的醫療保障。

3. 使用金錢的機會增加，可利用打工收入或生活費結餘的錢，購買儲蓄險或投資型保單，養成定額儲蓄習慣。

學齡期保險規畫常見問題

✎Q1. 15 歲以下未成年人意外死亡無法理賠？

2016 年 2 月 6 日台南永康市發生大地震，致使維冠金龍大樓倒塌，造成 115 人死亡、96 人受傷事件，其中有多位未滿 15 歲兒童死亡，經過媒體報導這些兒童無法獲得保險理賠，而引起社會輿論一片譁然。

2018 年 10 月 21 日，台鐵北迴線普悠瑪列車發生翻車事故，造成 18 人死亡、超過 170 人受傷的重大事故，其中有 5 位 15 歲以下兒童也因為無法獲得保險理賠，再度引起朝野關注。

在此，我們先花點篇幅了解一下法律規定的部分。目前台灣對於兒童「死亡保單」的規定，主要相關條文是《保險法》第 107 條，這一條法規歷年來反反覆覆修了幾次，對於未成年人可買的保險金額時而鬆、時而緊。

看懂《保險法》第 107 條

　　最近一次修法是在 2010 年，修法前的規定為「以未滿 14 歲之未成年人為被保險人訂定之人壽保險契約，身故時僅能給付喪葬費用保險金，且以 200 萬元為限。」

　　這是因為高達 200 萬元的喪葬費用保險金，有誘發不肖父母謀害未成年子女的不良動機（即道德風險），因此在 2009 年便已引起社會各界討論，認為有危及兒童生命安全之虞，為避免誘發道德危險，於是修法明定「未滿 15 歲之未成年人為被保險人訂立之人壽保險契約，其死亡給付於被保險人

表 2-6：《保險法》第 107 條修正説明

時間	條文修正	爭議／説明
1997年前	14歲以下未成年人，或心神喪失、精神耗弱之人，訂立的死亡保險契約無效。	兒童不得買死亡保險。
1997年～2001年	刪除第107條。	全面開放兒童買死亡保險，道德案件增加。
2002年～2010年	未滿14歲以下之未成年人，或心神喪失、精神耗弱之人，人壽保險契約僅給付喪葬費用，死亡給付無效。喪葬費用額度由主管機關訂定。	主管機關訂喪葬費用額度為100萬元，2002年調整為200萬元。但仍有道德風險疑慮。
2011年迄今	1. 未滿15歲未成年人訂立人壽保險契約，死亡給付從15歲開始生效，未滿15歲前身故，退還保費、或返還帳戶價值。 2. 精神障礙或心智缺陷之人訂立人壽保險契約，僅有喪葬給付55.5萬元，死亡給付無效。	發生多起重大事故造成學童死亡，卻領不到保險金事件，修法議題再次發酵。

滿 15 歲之日起發生效力；被保險人滿 15 歲前死亡者，保險人得加計利息退還所繳保險費，或返還投資型保險專設帳簿之帳戶價值。」

當時立法院審查《保險法》第 107 條修正案時，為了避免第 1 項中，加計利息返還所繳保險費所使用之計息「利率過高」，仍有誘發道德危險之可能，於是又增訂第 2 項：授權主管機關就利息之計算另為合理規範。

主管機關目前已依該條第 2 項之授權頒訂規範：「保險業依據《保險法》第 107 條第 1 項加計利息退還所繳保險費時，其利息之計算應以不高於年複利方式自該保險契約生效日計算至被保險人身故日止，利率並不得高於該保險契約計算保險費所採用之預定利率；如無預定利率者（如萬能保險等），則不得高於計算保單價值準備金所採用之宣告利率。」

換句話說，所加計的利息也只能跟「放在銀行」的利息差不多，以確保父母不會因貪圖利息而殺害自己的子女。

此外，《保險法》第 135 條規定：「第 107 條於傷害保險準用之。」因此，以未滿 15 歲之未成年人為被保險人，購買之人壽保險或傷害保險（含旅行平安保險）的保單，在被保險人滿 15 足歲以前不能含有身故給付。

回到最開始的問題，或許有人會問，依據《保險法》第 107 條的規定，為 15 歲以下未成年人買壽險或意外險是不是並沒有保障？

事實上並不然，**法令限制的只是 15 歲以下未成年人發生「身故」事故的狀況，實際上，殘廢及傷害醫療保障並不會受到影響。**如果發生重大意外傷害導致殘廢時，保險仍發揮保障功能，例如傷害等級表項目中第一級殘廢保險金是 100% 的保險金額，如果未滿 15 歲的未成年人購買 200 萬元保額的意外險，仍可獲得 200 萬的殘廢保險金。

至於因為現行法規規定，導致在台南地震與北迴鐵路普悠瑪翻車事故中罹難的兒童家屬，無法獲得孩子身故保險金的理賠，於是社會上又有要求修法再次放寬的聲浪，惟至目前為止，相關單位仍在研議階段。

✎ Q2. 跟團出遊有旅行社投保的「責任保險」，就不用「旅行平安險」？

2017 年 2 月 13 日蝶戀花旅行社遊覽車載有 44 人（含司機）到武陵農場賞櫻，回程時在國道五號高速公路南港系統交流道翻覆，不幸造成 33 人死亡，11 人受傷。其中李姓父、母及兒子、女兒四人全家同車出遊，三人死亡，僅兒子存活。事後因為旅行社僅有投保責任險，導致兒子（哥哥）無法領取女兒（即妹妹）的理賠金，而引起社會關注。

事實上，在蝶戀花事件中，保險公司拒絕理賠於法有據。根據旅行業管理規則，旅行業必須投保責任保險和履約保險才能出團，所謂的「責任保險」，必須是旅行社依法被訴請損害賠償，有法律上理賠義務時，由保險公司在保險金額內予以補償旅行社損失的性質。

簡單說，「責任保險」是旅行社為自己買的「保險」，一旦不幸發生意外事故被告而負有賠償責任時，旅行社會以保險公司所支付的理賠金，來賠償給遊客。

雖然在蝶戀花事件中，旅行社雇用的司機過勞駕駛或車輛安全上有明顯疏失，但依《民法》侵權行為相關規定的損害賠償「請求權人」，僅限父母、子女及配偶，由於罹難的妹妹未婚，父母也在車禍中身亡，且無法判定死亡先後（法律推定同時死亡），因此，倖存的哥哥並非請求權人，保險公司依法不賠，並無問題。只是一般民眾並不清楚這些法律問題，才會引

發社會的批評與責難。

旅平險投保訣竅

　　這次事件，也引發如果單身發生意外可能發生無法理賠的問題，那麼何必購買旅遊平安險的疑慮？是不是所有的旅遊平安險都有相同問題，或者只有產險公司的旅遊平安險會有問題？

　　首先，要釐清的是，蝶戀花旅行社投保的是財產保險中的「責任保險」，才會發生上述理賠問題，與是由壽險公司或產險公司賣出的保單無關。單純是因為「責任保險」屬於產險範圍，只有產險公司才會進行銷售。

　　至於一般旅客自行購買的是「旅行平安險」，可以指定受益人（一般都是法定繼承人），則不論是由壽險公司或產險公司所賣出，都不會有損害賠償「請求權人」僅限父母、子女及配偶的問題。在蝶戀花的案例中，如果妹妹也有買「旅行平安險」，雖然第一順位的「法定繼承人」──父母，當時與妹妹推定同時死亡，其身故保險金即可由次順位的哥哥遞補成受益人，就不會發生無法理賠的爭議問題。

　　目前可以銷售傷害保險（含旅行平安險）的保險公司，並不限人壽保險公司，產險公司也有不少個人傷害保險的套裝商品組合，有些組合商品「俗擱大碗」，民眾可以多方比較，選擇 CP 值最高的意外險商品投保。

　　搞懂旅行社的「責任保險」與一般旅客投保的「旅遊平安險」有何不同後，要怎麼選擇旅行平安險？

　　我的建議是：如果只是在台灣旅遊，可以選擇壽險公司的旅行平安險；

但如果規畫到海外旅遊，則建議可選擇產險公司的旅平險，以及產險公司所搭售的「海外綜合險」，萬一被保險人在旅行過程中行李遺失、班機延誤、現金被盜、信用卡被盜刷、旅行期間居家被竊盜、旅程取消縮短等等狀況，保險公司都會給予定額理賠金補償。例如2019年2月農曆春節期間，桃園機師工會無預警發起台灣航空史上首例機師罷工事件，數百名中華航空的機師響應罷工活動，導致數萬名旅客的航班及航程受到影響。如果在罷工活動宣布前即已購買含有旅遊不便險附約的旅行平安險，便可依保障項目向保險公司申請理賠以補償損失。

另外，民眾常常忽略的是，平時在台灣看病就診方便，但在海外旅遊途中，萬一在國外突發疾病，必須在旅遊地住院或門診，國外的醫療費用往往相當驚人，若透過旅行平安險的保障，也可以補償因突發疾病而負擔高額的醫療費用。

最後要提醒的是，旅行平安險通常會附加「海外急難救助服務」，大家記得索取海外急難救助服務卡，萬一發生緊急事故，可透過免費服務電話請求保險公司支援協助，必要時還會協助安排病患搭乘專機回國治療。所以建議讀者既然已經花大錢出國旅遊，千萬不要省「旅遊平安險」小錢，以免因小失大。

規畫02 | 青年期
保險需求及商品規畫

☞ **人生週期：從學校畢業進入職場工作或自行創業**

過了學齡期，求學階段結束，正式進入職場或創業，初期經濟收入不高、且相對不穩定，若較早婚者還必須負擔家庭經濟，或因為買房置產而背負貸款時，請參閱壯年期規畫。

進入青年期已經濟獨立，可自行負擔保險計畫，建議保費負擔必須量力而為，盡量以純保障保險為主，保費支出以不超出收入的十分之一為原則，扣除生活費費用及保費支出之剩餘金額，除留部分做為緊急預備金外，可進行積極性投資理財計畫。

☞ **投資屬性：**積極性（可追求高報酬，也相對承受高風險），可培養定期定額紀律性的投資習慣。

☞ **保險需求：**規畫目的在於發生危險事故時，尤其是重大傷病事故需要長期照顧時，可藉由保險金給付做為後續醫療及照顧所需，以不造成其他家屬負擔為原則。

表 2-7：青年期 CP 值最高保險組合 ▶ 以 30 歲為例

規畫險種		保額	保費預算	組合特色
（A）一年期定期壽險		300萬元	4,800元	保險期間內因疾病或意外身故時，由家屬領取身故保險金
意外險	死殘保險金	300萬元	3,924元	1. 建議購買產險公司組合套餐 2. 除基本傷害基本保障外，另有特定燒燙傷200萬加值保障 3. 注意選擇有自動續保附加條款 4. 如預算許可，可再提高傷害醫療（實支實付）保險金額度
	傷害醫療保險金	3萬元		
	住院醫療保險金	2,000元／日		
	大眾運輸工具增額保障	600萬元		
	搭乘交通工具增額給付	300萬元		
一年期實支實付醫療險		計畫四／日額 2,000元	4,953元	1. 因意外或疾病必須住院治療時，可用來補貼病房費、雜費及外科手術保險金 2. 由於各公司投保限額不同，若預算許可，可在不同保險公司規畫購買兩張（含）以上可副本理賠的實支實付醫療險
15年期防癌險		100萬元	7,400元	萬一罹患癌症可請領一次性保險金，以做為後續治療基金
30年期失能照護終身健康險（無還本型）		2萬元	9,020元	因疾病或意外事故導致1至6級失能時，請藉由失能扶助金做為後續醫療或復健、看護的費用
一年期住院醫療日額保險		2,000元	5,267元	以住院天數給付日額理賠，可補償無法取得收據的支出，例如看護費用，或家屬請假照顧病人的間接損失
（B）變額萬能壽險		300萬元（危險保額）	3,183元	投資標的可較積極（股／債採7:3比例），以追求高報酬
重大疾病／傷病保險				依經濟能力決定是否加保
總保費（年）		壽險保障（A）、（B）可二擇一：(A)35,364元、(B)33,747元		

備註：本範例僅供參考，表列險種名稱、內容及費率，各保險公司會有差異，仍依各公司實際規定為準

☞ **規畫重點：**

1. 增加失能照護險，以保障因意外或疾病造失能之持續性照護支出。

2. （A）一年期定期險／（B）變額萬能壽險，身故保障均為 300 萬元，可二擇一投保。定期險須注意有無保證續保，以及可續保的最高年齡愈高愈佳。

3. 若預算許可，可加保重大疾病（傷病）保險，一次性給付保險金可做為長期醫療費用準備。重大疾病（傷病）保險又可分為三類，保障內容、給付條件及保險費都差異頗大，可參閱常見問題 2 與 3。

青年期保險規畫常見問題

✎**Q1. 為什麼年輕族群適合買投資型保單？**

　　所有的投資理財專家都主張，青、壯年可承受的風險比較高，投資屬性應該要更積極，才有機會創造財富，快速賺進人生的第一桶金。的確以現在的低利率環境，賺了錢只放在銀行生利息，恐怕抵不過通貨膨脹的速度，更遑論要創造財富。所以，年輕人應該尋求可以致富的投資理財機會，這樣的主張絕對沒錯。但卻鮮少有人提醒，必須先規避風險的重要性，萬一發生突發意外或疾病事故，才可以無後顧之憂。

　　風險與機會常如影隨形，當你追求機會時，可能就必須犧牲安全的顧慮。相同的道理，當我們把手邊資金拿去投資，追求機會報酬時，可能就沒多餘的錢買保險。

但在 2001 年第一張「投資型保單」在台灣問世後，就給了這個「零和賽局」* 解套的方法，只是純投資界或保險界的基本教義派人士一直反對這樣的結合。

投資型的商品種類、保費結構與資金運用損益歸屬，在本書「迷思篇」已經談過。我一直認為，剛出社會，希望擁有壽險保障、又希望參與投資理財的年輕人，投資型保單是最適合的理財建議。

剛出校門的青年族群，有些可能已經結婚、生子，工作或事業剛起步，收入還不會太高，要拿有限的薪水支付基本開銷，若還要省下點錢去買傳統保險，不但無法再有餘錢去投資理財，恐怕連能否買足基本保障都有問題。

該如何規畫，才能防範意外及疾病的風險？投資型保險的「自然保費」機制，就能讓年輕人「魚與熊掌可以兼得」，甚至可以用小錢，就能達到資產配置的好處。

有關投資型保單危險身故保險金的設計，市場上大概可分為下列四種不同型態，保戶可以評估自己的需求決定購買的類型。

一、增額壽險型：基本保險金額每年會依約定比例增加，例如投保時100 萬元保額，每年約定增加 5%保額，10 年後保額增為 150 萬元。

小辭典

零和賽局（Zero-Sum Game）：指在執行政策時，常會造成一方獲利，卻失去另一方的利益，使得雙方的利益加總為零。以投資和風險為例，要追求高報酬的投資，就必須承受高風險，無法兩者兼顧。

增額壽險型商品主要是考慮到通貨膨脹因素，或人生週期的責任承擔加重所設計，方便被保險人不必經常隨著保障需求改變，而必須去辦理保額增加，並避免年紀大時身體健康狀況變差，無法再增加保額。而身故保險金的計算，通常會以「投資標的淨值」與「保險金額」兩者取高者給付，一旦投資標的淨值大於保險金額時，保險公司就不會再計收危險保費，因此也可避免年紀增大必須承擔高的危險保費＊的疑慮（見圖2-7）。

圖 2-7：增額型投資型壽險架構圖（身故保險金：A 與 B 二者取高者給付）

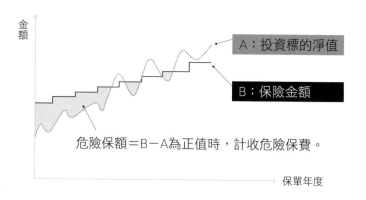

二、**平準壽險型**：保險金額不變，身故保險金也是以「投資標的淨值」與「保險金額」兩者取高者給付。因此，一旦投資標的淨值穩定持續大於保險金額時，保單就沒有保障性質，形同是投資商品。適合剛進社會的未婚年輕人投保（見圖2-8）。

圖 2-8：平準型投資型壽險架構圖（身故保險金：A與B二者取高者給付）

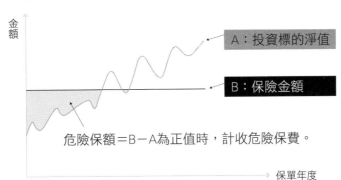

三、**加額壽險型**：保險金額固定，但身故保險金則由投資標的淨值加上保險金額給付，因此，其危險保額就等於保險金額，無論在哪個時間點，均須繳交危險保費，如果客戶是採分期繳交定額保險費，因危險保費隨年齡而增加，因此，扣除危險保費後，剩餘可投入投資部分的金額就愈來愈少。此類商品適合有家庭負擔者投保，身故保險金額最高，可以保障被保險人萬一身故時，滿足家庭的生活、貸款、子女教育及配偶養老等需求（見圖 2-9）。

小辭典

危險保費：也就是每一期的保險保障費用。每月根據危險保險費費率，依扣款當時被保險人之到達年齡與危險保額計算收取。其中，危險保額會因保險金給付金額之型態而有不同。

圖 2-9：加額型投資型壽險架構圖（身故保險金 C：A 與 B 二者之和）

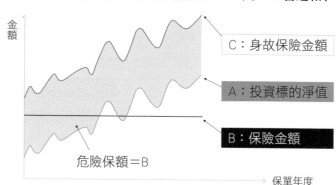

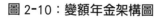

　　四、變額年金型：此類型無任何危險保費，購買目的在於未來年金給付，因此適合退休規畫用。利用在保單價值累積期間的投資收益，在約定給付期後將投資的本利和轉為年金，如果給付期限是採終身年金制，則可以保障長壽的風險。適合年紀大或身體健康狀況無法購買壽險的被保險人。

圖 2-10：變額年金架構圖

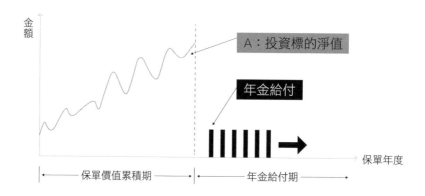

從「身故保險金」了解投資型保單的 4 種型態後，年輕族群還可以利用投資型保險的另一個「投資」優勢，擁有保障兼顧理財規畫，透過下表 2-8 投資型保單及一般基金的比較，讓自己的投資更保險！

表 2-8：投資型保單與基金投資比較

項目	投資型保單	基金投資
投資門檻	通常提供數百支基金投資平台，保戶可連結的基金檔數多達30至50支，可以用少少的保費，買到「一籃子」基金。	市面上有多達數千支基金，但定期定額買基金，有單支基金最低購買金額限制，每月花3000至5000元，通常只能買一、兩支基金。
可投資與連結標的	基金投資平台提供已核准之基金標的，等於保險公司先幫保戶篩選中長期表現優異的基金。	買基金自由選擇，空間大。
費　　用	比投資基金多出「危險保費」及保單「附加費用率」。	基金申購費、管理費，及信託保管費等。
資產保全	具備保障功能，死亡保障之身故理賠金不列入個人遺產稅總額計算。	基金投資淨值須全數列入個人遺產中，計算遺產稅；基金配息有所得稅適用問題。

小辭典

投資型保單中，常見名詞還有：
保單行政管理費用：每個月約新台幣 100 元，每年約 1,200 元。（依各公司規定不同）
帳戶管理費：依基金管理公司訂定。
轉換費用：每一保單年度內，固定次數轉換免費，超過固定次數者，每次收取新台幣一定費用。
贖回費用：每一保單年度內固定次數免費，超過固定次數者，每次收取新台幣一定的費用。

✎Q2. 該買癌症險，還是重大疾病險？

「台灣平均每 4 分 58 秒就有一人罹癌」、「每 10 分鐘 56 秒有 1 人死於癌症」、「寒舍集團創辦人蔡辰洋因為急性心肌梗塞過世」、「在台灣洗腎人口達到 8 萬 5 千人，年花健保 500 億元，平均每名洗腎患者花費 60 萬元」斗大的新聞標題，看得人心驚肉跳，癌症、心肌梗塞、腦中風等重大疾病，不僅成為台灣國人健康的第一殺手，更奪去無數生命。疾病的產生無法有效預防，但是，疾病的風險卻可以提早分攤。

據衛生福利部統計，截至 2017 年底，領取重大傷病證明的人數已超過 96 萬人，相較 1995 年健保開辦時人數成長已超過 4 倍。其中需積極或長期治療之癌症、慢性精神病、需終身治療之全身性自體免疫症候群，及慢性腎衰竭（尿毒症）需定期透析治療者等，前四項重大傷病的領證人數，已占全部領證人數約 86％。因慢性腎衰竭需要洗腎的人數，更是每年不斷增加，至 2016 年止，全台因長期洗腎患者有 8 萬 5,118 人，而領取重大傷病證明人數已達 8 萬 4,492 人，每次住院日數平均為 10.6 日，住院醫療費用約 6 萬元，換算之後，每天的醫療支出將近 6 千元，長期下來，常成為患者家中經濟與社會醫療的沉重負擔。

全民健保開辦以來，嘉惠許多重症患者，現行健保制度提供重大疾病患者基本的醫療照護費用，然而，仍有些項目是健保並不給付，包括病房差額、治療癌症的部分標靶藥物、保健品、化療後療養品等，例如，每個療程超過 10 萬元，常見的癌思停（Bevacizumab，Avastin）標靶藥物，通常健保僅僅給付與其他化療藥物合併使用於移轉性大腸、直腸癌的患者身上，否則就須自費。

自 2013 年至 2015 年 6 月止，因 DRGs 制度，健保停止支付的藥品就多達 3,104 款，被停的大部分是已經過專利期的藥品。健保署目的在於降低成本，希望醫院診所改開國內藥廠的學名藥[23]，但健保停止支付的藥品中，仍有 172 款無替代藥品。如果民眾要繼續使用這些藥品，就得改為自費負擔。

其他健保不給付藥物，必須由患者自掏腰包的，包括女性常見的乳癌、一發現就很嚴重的肺腺癌等，往往幾個療程下來，每年治療癌症的費用要花上百萬元，一般家庭恐怕都無法負擔得起，唯一可行的方法，就是透過商業醫療保險來彌補財務缺口。

再者，由於現行的 DRGs 制度，有許多疾病可能無法長期在醫院住院接受治療，而大部分的健康醫療險必須住院才能理賠，洗腎患者就是最好的例子。如果僅靠住院醫療險恐怕仍然不夠，還必須透過規畫重大疾病保險，以填補風險缺口。

重大疾病「理賠認定」門檻高

目前市場上傳統的重大疾病險，保障範圍包括腦中風、惡性腫瘤（癌症）、心肌梗塞、冠狀動脈繞道手術、重大器官移植手術（心、肺、肝、

(註 23) 學名藥（Generic Drugs），又名「非專利藥」。係指原廠藥的專利期後，其他藥廠得以同樣成分與製程生產已核准的藥品。
專利藥（Brand Drugs），或稱「原廠藥」，也就是新藥。係指新成分、新療效複方或新使用途徑裝劑的藥品，由於開發時程長、成本高，先進國家通常給予新藥 20 年的專利保護期。

胰、腎及骨髓）、慢性腎衰竭（尿毒症）、癲癇等 7 種疾病。

不過，由於重大疾病險理賠認定門檻過高，常造成被保險人與保險公司間的理賠爭議，例如，投保人發生心肌梗塞，因為未及時搶救，可能在短短幾分鐘內就死亡，但是，根據保險公司的保單條款明定，「心肌梗塞」的理賠條件有 3 項：1. 要有典型的胸痛症狀；2. 最近心電圖異常變化；3. 心胸酶異常上升。以上 3 項症狀，缺一不可。

一般人以為，發生心肌梗塞應該會先有「胸痛」現象，其實不然。根據統計，約有三分之一的心臟病患者不會有胸痛症狀。甚至沒有胸痛症狀，引發突發性心肌梗塞，更嚴重的可能致死。因此，一旦「心肌梗塞」沒有出現上述 3 個症狀，保險公司依保單條款將拒絕理賠，也因此產生的保險糾紛層出不窮。

此外，任何疾病都有一段「觀察期」，來判斷能否治癒的時間。重大疾病險或癌症險也有所謂的「等待期」，一般來說，約為 0 至 90 天，也就是說，在核保後 90 天內，若不幸罹患重大疾病，保險公司不需理賠。因此，**投保時，千萬要看清楚保單條款，選擇等待期愈短的愈有利。**

癌症已成為國人的頭號殺手，萬一不幸罹患癌症，除了癌症險可以理賠，連重大疾病險也能理賠。但這兩種保險有什麼差別？是不是兩種保險都要保，比較「保險」呢？

除了一般常見的癌症險，能夠用來轉嫁罹癌的醫療費用外，其實重大疾病的 7 項理賠項目中，也有一項是癌症，兩者保障內容有所不同。

傳統型的癌症險，要符合下列兩個條件，才能夠申請理賠金：

符合罹患癌症的定義：大部分的癌症險將原位癌（指第 0 期的初期癌症，因

治癒率高，排除在保險範圍之外）及併發症排除在外。

符合「理賠項目」：常見的理賠項目包括初期罹癌保險金、癌症住院醫療、癌症手術保險金、化療或放射治療保險金、手術後門診費用等。

隨著醫療技術進步，現在許多癌症治療可以不必住院，在家自行口服化療藥劑，但因為未符條款住院治療規定，所以就可能面臨無法符合理賠條件的情況。

目前也有保險公司推出初次罹癌一次性給付的防癌險，就可以不必受到條款治療的限制，好處是被保險人可以自行運用這筆資金，做為因罹癌無法工作的生活補貼、標靶治療及新藥的費用；但缺點是，萬一癌症治療期及術後復元的情況欠佳，需要更長的治療時間，如果沒有善加管理這筆資金，可能面臨理賠金花光的窘境，因此，仍存在著相當大的不確定性及風險。

重大疾病險最常見的 7 項疾病中，以癌症的理賠率最高。根據健保署統計，國人持有重大傷病卡前 5 名的疾病，癌症排名第一。在符合重大疾病險中癌症的定義後，即可申請癌症保險金。

這裡要特別解釋的是，重大疾病險與癌症險最大不同的是，重大疾病險有關癌症不理賠的項目，包括原位癌、第一期何杰金氏病、惡性黑色素瘤以外的皮膚癌及慢性淋巴性白血病，上述這 4 種病排除在保險公司承保的範圍內。

至於**傳統型癌症險大多為持續性給付，同時有身故理賠金；而重大疾病險及新式癌症險大多是一次性給付方式，在選擇險種時，保險金的給付方式一定要納入投保考量中。**

　　為了避免過去重大疾病險與癌症險因為各家保險公司「定義不明」的理賠爭議，金管會與保險業者研議「嚴重特定傷病疾病項目及定義」（計22項）及「癌症保險之癌症定義」（詳附錄二），自 2019 年 1 月 1 日起實施，過去不同保險公司不同做法的爭議或可獲得解決。

表 2-9：癌症險與傳統型重大疾病險之比較

險種	傳統重大疾病險	癌症險
給付項目	7項重大疾病 腦中風／惡性腫瘤（癌症）／心肌梗塞／冠狀動脈繞道手術／重大器官移植手術（心、肺、肝、胰、腎及骨髓）／慢性腎衰竭（尿毒症）／癱瘓	1.初期癌症、輕度癌症、重度癌症 2.住院／手術／門診／放化療 3.身故 4.其他，如骨髓移殖等
優　　點	不必蒐集單據，憑診斷書即可一次性給付，爭議較少	持續性給付，可提供較為廣泛的保障
缺　　點	若規畫保額不夠，可能出現保險金不足的窘境	留意理賠總額是否有限制，或是天數、次數之限制
身　故理賠　金	無	有
總　　結	因為健保對於部分標靶藥物或新型療法保險並不給付，建議可先投保重大疾病險，或癌症險的一次性給付，再搭配實支實付醫療險、傳統癌症險等持續性給付的險種，才能達到滴水不漏的保障效果	

資料來源：各保險公司條款
資料整理：吳鴻麟

✎Q3. 重大疾病險、特定／重大傷病險，哪種最「保險」？

除了重大疾病險，還常聽到的「特定傷病險」及「重大傷病險」，名稱相似，但是，到底這3種保險有何不同？簡單說，最大差異就在於保險範圍的不同。

「重大疾病保險」是指，當被保險人罹患保單指定的重大疾病並且確診後，保險公司依保單約定一次給付保險金後，保單即終止的保障計畫。過去常發生因為保戶與保險公司間對重大疾病定義的不同，而出現理賠糾紛。

對此，金管會在2016年重新定義「重大疾病」保單，列舉出7項，包含「急性心肌梗塞、冠狀動脈繞道手術、末期腎病變、腦中風後殘障、癌症、癱瘓及重大器官移植或造血幹細胞移植」，且配合新定義，將重大疾病險分為「甲型」及「乙型」兩種。

「甲型」保障7項「重度」重大疾病，包括急性心肌梗塞、冠狀動脈繞道手術、末期腎病變、腦中風後殘障、癌症、癱瘓、重大器官移植或造血幹細胞移植，與現行的重大疾病險內容差不多。

乙型保單則同時保障輕度與重度重大疾病，保費比甲型貴，除了甲型保障的7項重度外，也提供4項「輕度」保障，包括急性心肌梗塞、腦中風後殘障、癌症及癱瘓。

保單認定疾病與醫界不同

「特定傷病險」除了重大疾病險中所列出的7項疾病外，根據各家保險公司設計不同，額外增加特定疾病的理賠，如常見的阿茲海默症、帕金森

氏症、全身性紅斑狼瘡等 10 至 30 多項比重大疾病更為罕見的疾病。

　　至於「重大傷病險」，是近年來保險公司推出新型態的保障內容，以衛福部公告「全民健康保險保險對象免自行負擔費用辦法」中，附表「全民健康保險重大傷病範圍」所記載的發卡疾病做為理賠標準，扣除 7 類先天性疾病及職業病在除外不賠種類外，總計 22 大類、300 多項以上疾病均在承保之列。

　　等於保險公司是將理賠判斷權，交給核發重大傷病卡的健保署，是否符合主管機關公告的「重大傷病」範圍，仰賴醫生的專業判斷，民眾不需搞懂繁複的保單條款，而造成罹病才發現無法理賠的誤會，當然「羊毛出在羊身上」，這類保單的保費負擔會比較重，可依個人預算決定購買的類別。

　　最後要提醒讀者的是，不管重大疾病險或重大傷病險（見表 2-10），尚有除外不保的項目及等待期，保單上定義的重大疾病與醫界的定義也有落差，投保時仍須請業務員詳細解說保單條款內容，清楚保障的範圍，以免認知上有所落差而造成糾紛。

表 2-10：重大疾病險與特定／重大傷病險比較表

項目	重大疾病保險	傳統特定傷病險	新重大傷病險
保障範圍	1.甲型（重度）：急性心肌梗塞、冠狀動脈繞道手術、末期腎病變、腦中風後殘障、癌症、癱瘓、重大器官移植或造血幹細胞移植等7項。 2.乙型（輕度）：除甲型7項重度疾病外，再加4項「輕度」保障，包括急性心肌梗塞、腦中風後殘障、癌症及癱瘓。	符合各保險公司商品規定，包含7項重大疾病等，另依照各保險公司設計，額外增加特定疾病的理賠，如常見的阿茲海默症、帕金森氏症、全身性紅斑狼瘡、重大燒燙傷等10～30多項比重大疾病更為罕見的疾病。	1.符合衛生福利部公告，首次領取重大傷病卡。 2.排除7類先天性疾病及職業病後，保障範圍包括22類共300項以上疾病。
保費支出	低（甲型）、中（乙型）	次高	高
理賠依據	取得醫師診斷證明書後，需再交由保險公司確認非除外不保項目，並判斷是否符合保單條款理賠要件，需符合才予理賠。		取得醫師診斷證明書及健保署發給的「重大傷病卡」，保險公司確認非除外不保項目，即予理賠。
理賠方式	符合條件一次給付理賠金		
等 待 期	30～90天不等	30～90天不等	30天

資料來源：各保險公司條款
資料整理：吳鴻麟

規畫03│壯年期 保險需求及商品規畫

☞ **人生週期：結婚、生子**

此階段進入收入曲線上升期，經濟收入穩定增加，但相對結婚、生子，家庭生活、子女教育負擔變重，可能因買車、買房置產而需負擔貸款。

☞ **投資屬性：**積極偏穩健型。

☞ **保險需求：**此階段為家庭主要經濟支柱，因此，危險保障額度以年收入8～10倍為規畫原則，但保費支出仍以不超出收入的十分之一，以免超過能力負荷。

以40歲夫妻、育有兩名子女為例。兩名子女的保母費（或幼兒園學費）及生活費，一年支出約50萬元，若夫妻兩人年收入合計150萬元，扣除子女生活教育費用僅剩100萬元，若是還背負房貸得再扣掉一半收入，所能支配的資產大約剩50萬元。

由於壯年期的家庭責任大，必須優先把風險補足，全家保費支出還得必須控制在15萬元以內，因此，如何規畫保障就顯得格外重要。以下是我的建議：

表 2-11：壯年期 CP 值最高保險組合 ▷ 以 40 歲男性為例

規畫險種		保額	保費預算	組合特色
意外險	死殘保險金	500萬元	3,924元	1.建議購買產險公司組合套餐 2.除基本傷害基本保障外，另有特定燒燙傷200萬加值保障 3.注意選擇有自動續保附加條款
	傷害醫療保險金	5萬元		
	住院醫療保險金	2,000元／日		
	大眾運輸工具增額保障	1000萬元		
	搭乘交通工具增額給付	500萬元		
一年期實支實付醫療險		計畫四／日額 2,000元	6,559元	1.因意外或疾病必須住院治療時，可用來補貼病房費、雜費及外科手術保險金 2.由於各公司投保限額不同，若預算許可，可在不同保險公司規畫購買兩張（含）以上可副本理賠的實支實付醫療險
15年期防癌險		100萬元	18,900元	萬一罹患癌症可請領一次性保險金，以做為後續治療基金
30年期失能照護終身健康險（無還本型）		3萬元	16,200元	因疾病或意外事故導致 1 至 6 級失能時，請藉由殘廢扶助金做為後續醫療或復健、看護的費用
一年期住院醫療日額保險		2,000元	8,400元	以住院天數給付日額理賠，可補償無法取得收據的支出，例如看護費用，或家屬請假照顧病人的間接損失
變額萬能壽險／危險保額		500 萬～1,000 萬元	11,270～22,540元	1.有時間自行研究市場和選擇投資標的，可選傳統型投資型保單自行操作 2.沒時間研究市場和操作，可選擇類全委保單 3.投資標的配置可較積極（股債比採6：4比例），以追求高報酬
總保費（年）				65,253～76,523元

備註：本範例僅供參考，表列險種名稱、內容及費率，各保險公司會有差異，仍依各公司實際規定為準

☞ **規畫重點：**

1. 若以個人年收入 80 萬元計算，應有 640 萬～ 800 萬元危險保額規畫，但年繳保費應控制在 8 萬元以下。由於目前預定利率偏低，長年期壽險及定期險保費相對高，建議以變額萬能壽險採自然保費制計收危險保費，降低保費負擔，以補足死亡風險缺口，保額則隨年齡及需求調整。

2. 失能照護保險及防癌險也是現階段應該強化重心，以防因罹癌或失能而需要龐大醫療費用支出時，而拖累家人或長輩。失能照護險有還本型及無還本型，有子女教育費用需負擔者，建議購買無還本型，以純保障為主，以免增加負擔。

壯年期保險規畫常見問題

✎ **Q. 投保醫療險，住院開刀就會理賠？**

　　全民健保自付額提高，加上醫療費用日益增加，不少民眾擔心未來醫療費用將只漲不跌，紛紛加保醫療險。但是，醫療險並不是買愈多愈好，但要如何規畫能不須砸大錢也能享受到好的醫療品質？

　　先來看一則真實案例：小陳是心血管疾病高危險群患者，長期在住家附近的 A 醫院進行各項病理檢查及治療，A 醫院對小陳的病情症狀較了解且有詳細病歷紀錄。投保三年後，小陳因咳嗽、鼻塞、頭痛、腹痛、嘔吐、腹瀉等症狀至 A 醫院就診，醫師診斷後認為是非傳染性腸胃炎及大腸炎，

需要立即入院治療，並要求小陳停止進食，僅以點滴補充養分。

　　小陳住院約一星期後出院，並向保險公司請求理賠，卻遭保險公司以小陳病況無須住院為由拒絕。保險公司依據 A 醫院開立的診斷證明書、出院病歷摘要及護理紀錄等資料，認為小陳住院期間只有服用藥物治療、記錄呼吸狀況及觀察，並沒有其他積極性的治療行為，而且小陳入住單人病房，生活均可自理，沒有持續住院的必要。

　　此一爭議，最後由財團法人金融消費評議中心評議委員會（以下簡稱「金融消費評議中心」）裁定：認為小陳住院期間僅進行口服用藥，並無其他積極性治療，檢查結果也無重大異常，可以門診追蹤治療方式即可，並無住院治療之必要，保險公司不必理賠。（詳參閱財團法人金融消費評議中心 2015 年評字第 001191 號評議書）

　　這個案例說明：**醫療險的理賠認定是以有「積極治療」事實為依據，即使買了好幾張的醫療險保單，也可能因為保險公司認定非屬必要之住院，而通通不予理賠。**

有住院、動刀不一定理賠

　　根據統計，台灣民眾醫療支出愈來愈大，總支出從 1995 年的 3,821 億元激增至 2013 年的 9,627 億元，平均每人的醫療支出也從 1 萬 7,971 元增加至 4 萬 1,242 元，呈現倍數成長，若以 2015 年每人平均餘命已超過 80 歲，及每人平均每年醫療保健支出達 4 萬餘元來估算，每人一生至少會花掉近 330 萬元的醫療費用。

　　醫界推估，2015 年總醫療支出已達 1 兆 1 千億元，扣除健保給付 6 千億元，等於民眾自費醫療近 5 千億元；雖然台灣有健全的健保制度，然而，仍無法弭平醫療費用之缺口，自行投保醫療險就成為分攤風險的方法之一。

　　有些人自認買齊了所有醫療險，就有了萬全保障，即使住院也不須擔憂醫療費用問題，反正保險公司「都會理賠」，事實上，如果沒搞清楚自己買了哪些健康險，對於理賠限制也模模糊糊，往往花了大錢卻得不到保障，這樣的案例屢見不鮮。

　　保險公司定義的廣義健康險，可以分為以下 4 類：

1. 住院醫療險：保障範圍最大，只要因疾病或傷害住院治療或手術，即可依投保約定的規定申請保險金。依給付方式不同而分為實支實付型及日額給付型。

2. 重大疾病險：被保險人罹患重大疾病時，由保險公司依約一次給付保險金。早期保障範圍只有 7 項重大疾病，後來又擴大至 20 種以上，又稱為特定傷病險。目前又有保險公司推出健保署核定的「重大傷病卡」為理賠給付依據的重大傷病保險，保障的範圍達 22 大類、300 項以上疾病。

3. 癌症險：被保險人罹患癌症時，由保險公司依約給付一次罹癌保險金，及後續治療的住院、手術、化療及門診等保險金。

4. 長期照顧險：符合長期照顧狀態時，由保險公司提供看護、療養等保險金給付。又可分為長期看護險、類長期看護險及失能扶助險 3 類，詳請參閱退休期（第 159 頁）說明。

　　到底醫療險是不是買愈多愈好？要如何買超值的醫療險？醫療險的種類有哪些？醫療險又有哪些不賠的除外條款？要如何避免買到重複的醫療

險？上述種種疑問，讀者應該要釐清之後，才不會買了醫療健康險無法理賠時才來後悔。

「保險規畫的最高指導原則，就是用最少的錢，達到最大的保障。」簡單說，**定期險保費較終身型低許多，如果預算有限，買實支實付型定期住院醫療，較終身住院醫療能買到更高的保障內容**。前者優點是初期保費相對便宜，可以滿足自己的保障需求，而且多數保單會保證續約，最高甚至可到 80 歲以上；缺點是保戶若很長壽，到最高承保年齡後無法再續保，可能就會失去醫療保障。不過，許多終身型的實支實付住院醫療險，保險公司也訂有最高給付上限，額度若是用完，也無法終身保障，且住院醫療費用採實支實付，也是只在投保限額內給付。

根據「金融消費評議中心」統計，人壽保險爭議類型中，理賠案件以「必要性醫療」為最大宗，這也是醫療險最容易出現爭議之處。醫療險並非包山包海，有些投保人以為只要就醫就可以獲得理賠，**其實醫療險只保障投保後才發生的疾病，並且要辦理住院手續**。醫療險的種類複雜繁多，理賠條件定義嚴謹，投保人如果在投保前不先問清楚保障內容，等到事故發生後才發現不賠，當然就會覺得花錢卻得不到保障。

要如何購買醫療保單？首先，要先釐清「有住院就有理賠」的錯誤認知。一般業務員銷售保單時，為了讓消費者容易理解，總是單純以住院一天賠多少、手術一次最高賠多少等籠統數字來解釋保單內容，這是最常見的爭議源頭。

所謂的「醫療理賠」必須要有「醫療行為」，但每家保險公司對於「醫療行為」的認定不一，如上述小陳的案例就不賠，另一種最常被問到的案例

是：住進安寧病房，沒有做積極性的治療，算不算理賠範圍？再者，許多如
洗腎、糖尿病等慢性病患者長期在家休養，必要的看護費用，也會因所投
保的保險公司而有不同算法。因此，買了足夠的醫療險，並不保證一切理
賠都沒有問題。此外，包括療養院及養護中心，只有療養未做治療，通常
也會排除在醫療險的保障範圍。

　　另一種常見爭議是，保戶以為「只要動刀就有理賠」。醫療險中的「門
診手術理賠金」並非只要動刀就有理賠，例如整型美容手術就不在給付範
圍，但若因乳癌造成乳房切除而必須進行的重建義乳手術，則不在「除外」
範圍，還是可以獲得理賠。

表 2-12：住院醫療險（一年期）給付內容差異

險種	實質給付內容	優點	缺點
日額給付型（定額給付）	住院天數X購買日額	固定給付，可做為病房差額及看護費用補貼	1.所花費用超過日額X住院天數費用 2.自己有可能要貼錢 3.有投保年齡限制
實支實付型（限額給付）	在每日病房、每次住院及每次手術限額中實支實付	彌補健保之不足，特殊藥材或新型治療方法可由實支實付給付	有單項理賠限額，以及整張保單總額限制，也有投保年齡限制

資料來源：作者自行整理

補足健保缺口，打造醫療防護網

台灣「吃到飽」的健保制度全球聞名，名符其實的「俗擱大碗」，但還是有些疾病需要自費，而且金額也相當可觀，尤其是癌症治療的許多耗材或治療必須自費，一場重病下來可能會耗掉一生積蓄，所以，搞懂自己的醫療險至關重要。

最好的解決方法，便是**透過商業醫療保險來補足健保保障的 5 大缺口：包括病房費差額、健保不給付的高貴藥材、新型藥材或治療方式、還有看護費及因為生病收入中斷的損失。**

一般民眾最常規畫「實支實付醫療險」，以彌補自費醫療負擔花費，在投保前必須要弄清楚最重要的一點：是否可以收據副本申請理賠，否則，同時投保兩家實支實付醫療險，若有自費醫療支出時，就有可能發生無法提供收據正本，而被保險公司拒絕理賠的窘境。

至於要如何聰明買醫療險？給讀者的建議是要先掌握「四大原則」：

原則一、在 DRGs 制度下，以健保身分住院者，醫院基於成本考量，會要求病患已無大礙下返家療養，因此，未來住院天數勢必會減少，可以適當減少日額型住院醫療險的規畫；

原則二、在 DRGs 制度下，自費負擔的項目包括器材和藥物會增加，應該提高實支實付醫療險額度；

原則三、確認門診手術是否在理賠給付項目內；若不在理賠範圍，就應該考慮安排住院手術。

原則四、利用一次性給付的重大疾病險或癌症險，補足特殊疾病的費用缺

口，提升醫療品質。

　　接著，要再建構「四個層次」醫療防護網：

第一層次：即現行的健保制度，提供最基本的醫療服務；

第二層次：投保一年期日額型住院醫療及實支實付醫療險，補足健保不給付缺口。

第三層次：加購重大疾病險、癌症險、終身醫療險及重大手術險，以強化重大疾病風險防護。

第四層次：搭配長期照顧險或失能扶助險，在萬一罹患慢性重症無法自理起居生活時，確保不會因此拖垮家人的經濟與生活。

　　當然在經濟能力許可下，購買完整的醫療險可以高枕無憂，不過，由於可支配在保險費的預算有限，一次要補足醫療險的所有缺口並不容易，建議可以從年輕時就開始規畫，隨著所得增加及風險擴大，先後順序可以一層層向外擴大及保障額度隨需求慢慢調整增加，但如果有家族遺傳性疾病者，例如高血壓、糖尿病、乳癌、甲狀腺疾病等，則應盡早投保，以免症狀開始出現後即無法再辦理投保，而錯失投保的黃金時間。

規畫04 | 空巢期 保險需求及商品規畫

☞ **人生週期：子女已成年外出求學或開始工作**

　　空巢期階段進入人生收入曲線高峰期，大約離退休尚有 10 ～ 15 年時間，貸款已還清或減輕，可以開始為退休規畫開始做準備，子女教育金及生活開銷責任免除，也是費用支出最少的階段。

☞ **投資屬性：**穩健型，降低風險性高的投資比例，追求固定收益。

☞ **保險需求：**可降低死亡保障，須把握退休年金規畫黃金 10 ～ 15 年期間，但醫療費用可能開始增加，需補強重大傷病、長期照護及醫療保險。

　　保險公司對於大部分的保障型保單包括：壽險、健康醫療險、長期照顧險等，為控制理賠損失率，都會訂有被保險人投保時「免體檢最高年齡」限制，通常是以 50 歲或 55 歲為上限，因此，空巢期的被保險人必須把握最後可以購買保障型保險的黃金期間，規畫補足個人的保障防護網缺口。否則，一旦超過免體檢年齡，縱使過去無影響保險公司危險評估的健康問題，但體檢結果難免會出現一些可能影響的結果，比如說血壓、血糖、膽固醇、心電圖或胸部 X 光異常，而造成無法投保，或者被限制承保範圍、加收保險費等次標準體的現象，這樣就得多花保費，甚至無法投保。

表 2-13：空巢期 CP 值最高保險組合 以 55 歲男性為例

規畫險種		保額	保費預算	組合特色
意外險	死殘保險金	200萬元	3,025元	1. 建議購買產險公司組合套餐 2. 除基本傷害基本保障外，另有特定燒燙傷200萬加值保障 3. 注意選擇有自動續保附加條款
	傷害醫療保險金	3萬元		
	住院醫療保險金	2,000元／日		
	大眾運輸工具增額保障	400萬元		
	搭乘交通工具增額給付	200萬元		
一年期實支實付醫療險		計畫四／日額 2,000元	6,559元	1. 因意外或疾病必須住院治療時，可用來補貼病房費、雜費及外科手術保險金 2. 由於各公司投保限額不同，若預算許可，可在不同保險公司規畫購買兩張（含）以上可副本理賠的實支實付醫療險
20年期失能照護終身健康險（無還本型）		2萬元	17,900元	因疾病或意外事故導致1至6級殘時，請藉由失能扶助金做為後續醫療或復健、看護的費用
一年期住院醫療日額保險		2,000元	8,400元	以住院天數給付日額理賠，可補償無法取得收據的支出，例如看護費用，或家屬請假照顧病人的間接損失
一年期特定傷病保險		50萬	12,285元	經診斷確定符合癌症（重度）等26種特定傷病，保險公司將一次給付保險金後契約終止
年金保險／萬能保險				依本身經濟能力算出退休金缺口，以固定收益類定存保單進行退休準備
總保費（年）				48,169元

備註：本範例僅供參考，表列險種名稱、內容及費率，各保險公司會有差異，仍依各公司實際規定為準

☞ **規畫重點：**

1. 由於疾病死亡保費相對較高，因子女已長大成人，家庭責任完成，壽險保額可調降或取消，用以增加特定傷病或失能風險保障。

2. 長壽風險是本階段必須考量重點，應以國民平均餘命至少再加 5 ～ 10 年，計算個人退休金缺口，並透過年金或萬能保險等類定存保單，規畫未來退休所需資金。

空巢期保險規畫常見問題

✎ **Q1. 我有勞保退休金，為何還要買年金險做退休準備？**

　　過去在台灣，不管是軍、公、教或勞工，每個人都必須投保軍保、公保、勞保，因此，這些社會保險的退休金及年金給付，成為每一個人的主要、甚至唯一的退休準備。尤其長輩在「有土斯有財」的傳統觀念下，累積到一定存款，就拿去買土地或房子，鮮少做好自己的退休準備。

　　根據資料顯示統計，台灣民眾平均壽命延長，生育率卻年年降低，可以想見的未來退休領社會年金的人愈來愈多，而負擔年金保險費的年輕人卻愈來愈少。讓我們來看看台灣「扶老比」的惡化現象有多嚴重，1996 年台灣每 8.8 名青壯年負擔 1 名老人扶養責任，2015 年成了每 5.6 名青壯年就需扶養 1 名老人，預估到 2031 年變成每 2.6 名青壯年就需扶養 1 名老人（見圖 2-11），而且情勢還不斷惡化中。

　　老一代的觀念「養兒防老」幾乎已經是不可能的事實，未來青壯年的負擔、稅負一定比現在更重，如果還必須養育下一代，當然對父母奉養的能力就會降低。

圖 2-11：台灣扶老比變化

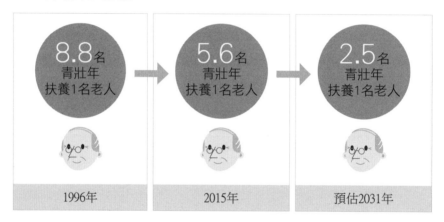

　　圖 2-12 是目前（行政院 2016 年公布）各類工作人員平均退休年齡及月領退休金的概況，除了軍公教有比較優渥的退休金以外（但前提是軍公教保險不能破產），人數占絕大多數的勞工平均退休年齡是 61 歲，每月可領的退休金僅有 16,179 元，農民年金和國民年金更低，僅分別為 7,256 元及 3,791 元。

　　很明顯的，勞工、農民及失業者只想靠社會保險的年金給付絕對不夠，縱使是軍公教人員，在年金制度未進行改革的情況下，軍公教保險預估會在 2020 至 2031 年破產（見表 2-14）；目前政府正在進行各種年金改革，

將來軍公教人員退休年金給付額勢必會大幅縮水。如果再把未來通貨膨脹的民生物價上漲考量進去，恐怕只會雪上加霜，不預先做好退休規畫，各行各業的退休人員，難保不會淪為日本學者藤田筆下的「下流老人」。

圖 2-12：各類工作人員平均退休年齡與退休金概況

資料來源：行政院，2016 年

表 2-14：軍公教勞保退休金破產危機

	軍保	公保	教保	勞保
保費支出逆差年度	2011	2015	2014	2018
預估破產年度	2020	2031	2030	2026

資料來源：行政院，2019 年

✎Q2. 要月領還是一次付清，年金險怎麼選？

台灣的年金保險，大抵可以分為 3 大類：傳統型年金、利率變動型年金及變額年金。以銷售量來看，其中以利率變動型年金最夯，其次變額年金，傳統型年金賣得最少。

「傳統型年金」是保險公司在保單設計時，計算年金保單責任準備金的預定利率即已固定，以年金開始給付的時間點，又可分為「遞延年金」與「即期年金」兩種，差別在於繳費的方式不同。

「遞延年金」是保費零存，至期滿零付；「即期年金」則是保費整存，年金零付。既然屬於固定的預定利率，保險公司便必須承受保險費資金運用的損益風險。像日本在 1997 年後，有多家百年保險公司倒閉的原因，就是銷售過多的高預定利率年金保單，導致不堪長期「利差損」而宣布破產，為了解決這個問題，日本政府准許承接破產的保險公司重新計算保單價值金，也影響了民眾的退休年金規畫。

目前台灣處於低利率時代，傳統型年金保險預定利率偏低，加上過去民眾對於提早做退休年金準備的觀念未開，因此銷售狀況並不佳。

宣告利率不等於報酬率

有別於傳統型年金預定利率在發單時就已經固定，「利率變動型年金」則是由保險公司按月或按年宣告當期適用的「儲蓄保費」貼現的利率，依現行「利率變動型年金標準條款」的規定，「宣告利率」係指保險公司在保單生效日或保單週年日，當月宣告並用以計算該年度年金保單價值準備金的

利率。保單上必須記載宣告利率是參考何種指標訂定，但不得為負數。

　　台灣的利率變動型年金參考的指標，過去與現在銷售的保單有些差異，必須詳細審閱保單條款規定。最早期有依「中央信託局、台灣銀行、合作金庫、第一銀行四家銀行二年期定期儲蓄存款牌告利率平均數為標準」（中央信託局於 2007 年併入台灣銀行而改成「台灣銀行、合作金庫、第一銀行三家銀行」），目前大多以「保險公司運用此類商品所區隔資產（投資組合）之實際投資報酬率」為標準。

　　早期的保單有「月宣告利率」，亦即每次宣告的利率只適用當月，一整年實際計算的利率，會是 12 個月利率總和的加權平均數。目前以採每月宣告適用一年的方式居多，例如我們是在 1 月買的保單，如果宣告利率是 2.9％，今年一整年都是以 2.9％計算保單責任準備金，縱使二月調高或調降宣告利率，並不會影響一月買的保單。但明年一整年的適用標準，則以明年 1 月的宣告利率為準。

　　所以，**宣告利率不是固定不變，保險公司有權進行調整加減碼**，唯一可以確定的是，縱使保險公司實際投資報酬率是負數（虧錢），**宣告利率不可能是負數，最多只能宣告是「零利率」**。

　　最重要是，「宣告利率不等於報酬率」，由於宣告利率是做為保單責任準備金的基準，並不是客戶可以拿回的利息。如果客戶在年金保險進入給付期前解約，除了附加費用不能取回外，還必須被保險公司扣除解約費用，因此，保單解約實際「收益率」與「宣告利率」間會有落差。

　　2001 年以來，「利率變動型年金」一直是市場上最夯的保單，每年銷售保費高達數千億、甚至兆元。由於具有保本本息的功能，因此被當成類定

存保單銷售，尤其透過銀行通路銷售的高額保單，單張保費往往以數百萬、千萬、甚至億元在賣。原因在於只要保單存放的期間夠長（通常為 4 至 6 年），解約金回算的收益率就會超過銀行定期存款，有些幾乎是一年期定存款利率的兩倍以上，因此，吸引保守的定存族趨之若鶩。

「變額年金」則是屬於投資型保險，由於保單所有人必須自己承擔投資型保單連結投資標的的損益（盈虧自負），保單的現金價值與投資標的的淨值有關。過去銀行通路常銷售連結「連動債」連結標的的變額年金，以達到保本保息的目標，但連動債發行機構與匯率的風險，則仍然必須由保戶自行承擔。自從 2008 年「雷曼兄弟」連動債出事之後，連動債保單幾乎已經銷聲匿跡。不過要附帶說明的是，台灣過去銷售的變額年金保單因為未曾連結「雷曼兄弟」發行的連動債，所以並沒有保戶受到損害。

除了「利率變動型年金」或「利率變動型壽險」有所謂「宣告利率」外，市場上熱賣商品之一的「萬能保險」也有「宣告利率」機制。「萬能保險」在國外被分類為投資型商品之一，但在台灣因為無「分離帳戶」及「保戶自負盈虧」機制，因此被歸類為「一般帳戶」的非投資型保險，也非利率變動型保險，通常也是被拿來當類定存保單銷售。

表 2-15 是「傳統型年金保險」、「利率變動型年金保險」、「變額年金保險」、「萬能保險」的主要區別：

表 2-15：傳統型、利率變動型、變額年金保險和萬能保險比較表

險種	商品設計	商品特色	適合族群
傳統型年金保險	保險公司採固定預定利率，投保時即可計算出年金給付的金額。依給付時間有即期年金及遞延年金的設計。	各年度的保單價值準備金，以及各期年金給付的金額在投保時即已確定。保戶可依需求決定採定期給付或定額給付領取年金。	適合保守穩健，且有退休金規畫的族群。
利率變動型年金保險	根據保險公司每月的宣告利率，計算到期可領回的年金金額。一般來說，利率變動型年金又分為即期年金及遞延年金，具備到期可以領回的「儲蓄」功能，但沒有保險的「保障」功能。	年金累積期間（至少10年）被保險人死亡時即返還年金保單價值準備金，或於年金累積期間身故，退還所繳保費；年金給付期間，則分為保證給付及不保證給付年金兩種。*	保守型消費者儲蓄及對抗通膨的理財工具，或是讓月光族或準退休族固定存錢，以做為養老規畫。
變額年金保險	年金累積期間產生的增值金額及年金給付期可領取年金金額，全視客戶所選擇的投資標的淨值而定。但變額壽險通常會有保證最低死亡給付設計。	1.平台擁有多元投資標的，滿足不同時期理財需求。 2.提供高報酬率可能性與自負投資風險。 3.採分離帳戶，不受保險公司破產風險影響。 4.各項費用透明，保險公司提供定期報告。	保守型的族群，通常有一筆資金想要一次投入者，或是希望固定存錢，並鎖住幾年以備到期做為結婚、教育、旅遊基金等。

（接下頁表）

險種	商品設計	商品特色	適合族群
萬能保險	結合「保險」與「儲蓄」合一的商品，投資人除了享有保險的保障外，還可享有比銀行高許多的存款利率。投資人所繳的保費，一部分拿來買定期險，剩餘的部分則以保險公司每月宣告利率，扣掉管理費用、成本、保險費用後，再將剩餘保費累積利息收入。	按照個人不同時期的生涯規畫進行保額調整，而且只要保單價值準備金足夠負擔保單維護成本，就能依財務情況彈性繳交保費。	因為有隨時調整保額或保費的功能，因此適合需要基本保障但收入不太穩定者。

備註：附加費用，包含行政費用、業務員佣金、手續費等，跟買一般保險商品大同小異，一旦解約後，這些附加費用並不會退還，並且有解約金，所以要特別留意保單條款上的解約費用率，以及第幾年後解約才會沒有解約費用，通常在 4～6 年後解約才不會侵蝕到本金

✎Q3. 很夯的類全委保單，到底能不能買？

過去幾年台灣興起銷售「類全權委託型變額年金」（一般俗稱為「類全委保單」）的風潮，年銷售保費甚至高達數千億元。由於類全委保單是由保險公司委託投資專家代操保戶的資金，要保人不必天天盯著投資市場自行決定買賣標的時間點，保險業務員也不必三不五時趕著幫客戶辦理繁雜的標的轉換手續，因此有所謂「懶人的聰明保單」稱號。

目前市場熱賣的類全委保單，還有一個共同特色，就是仿照高收益債券型基金的配息機制，因此，其主要連結標的就是「高收益債券基金」，透過所謂「撥回率（配息率）」把連結債券的配息發還客戶，類全委投資型保單所謂的「撥回率」，其實就是高收益債券基金中所稱的「配息率」，主管機

關為區別客戶買的是保單、不是基金，於是統一要求改用「撥回率」名稱。

　　許多保險公司把類全委保單每年的「撥回率」訂在4%至6%，有些保單撥回率甚至達7%～8%，讀者必須了解，「撥回率（配息率）不等於收益率（報酬率）」，因為一旦債券發行機構無法履約償付本息，或者所連結的「一籃子債券平均配息率」無法達到撥回率時，保險公司會把客戶原始的投資本金當成利息撥回給客戶，這時候我們拿的利息，實際上就是自己的本金，因此，保單投資部位的淨值會跟著下降。道理跟證券市場的股票在配完股利或股息時，股價通常會下跌是一樣的道理。

專人代操、適合長期投資

　　目前業界銷售的「類全委保單」附加費用收取方式，又分為「前收型」與「後收型」。所謂「前收型」就是保險公司先從客戶繳交首年的保險費中先扣除「附加費用」後，剩餘的金額再扣除保單行政管理費用，最後的餘額才做為投資的本金。例如躉繳保費100萬元，前收費用率3%，保單行政管理費按月扣100元，則首月投入投資金額為96萬9,900元（算法為：100萬－3萬－100元）。

　　「後收型」則是不收附加費用，所有保費扣除保單行政管理費用後，全數投入保單進行投資，但約定要保人如果前幾年（通常3～6年）解約時，必須扣除解約一定比例的費用，例如未滿一年需扣原始保費4%；滿一年，尚未滿兩年扣3%；滿兩年，未滿三年扣2%，依次類推，必須放滿四年才不會扣解約費用。以前述100萬元躉繳為例，如果客戶在投保後兩年三個

月解約，就會從保單的淨值中再扣除 2 萬元的解約費用。

　　過去銀行理專銷售類全委保單通常會建議客戶買「後收型」，因為客戶的「感覺」可以投資的保費沒有縮水，再者，保險公司沒收附加費用，客戶自然不會「殺價」要求保費折扣或要求退佣。但問題是，一旦投資市場行情不好，客戶希望停損出場時，才發現保單已經虧錢，還得再扣一筆解約費用，或者賺的錢不夠扣解約費用，因此，類全委保單客訴爭議時有所聞。

　　也許讀者看到這裡，會認為類全委保單似乎陷阱很多，最好少碰為妙。其實不然，類全委保單仍有許多優點，包括：用小錢享有專家代操的待遇、利用配息機制規畫退休年金、後收型可全額投資不減損、免除繁雜的行政作業等等。適合投保人進行長期投資（例如父母每月定額幫小孩儲存教育基金、小孩子每年的壓歲錢）或者退休人士規畫年金等等。

　　至於想購買類全委保單的讀者，可以注意下列事項：

1. 不要拿短期要用到的資金購買，因為一旦急用資金時必須扣除解約費用。
2. 「後收型」所訂的解約限制期限愈長，對可能期限內需要動用資金的保戶愈不利。
3. 「撥回率」愈高，不代表績效愈好，必須了解是否撥回的是自己的本金，而影響後續的投資金額與淨值。
4. 事先了解保單的代操策略及投資組合有哪些。如果所有投資組合都是單一基金公司的商品，代操機構的公正及客觀性應存疑。
5. 代操機構是否定時出具投資說明書，並詳列檢視投資組合是否合理？
6. 外幣計價保單的匯率參考基準及匯差是否合理？

7. 保費繳交及贖回的作業天期（t＋日）是否過長？

清楚上述類全委的商品特性，只要適合自己的投資屬性及資金運用目的，類全委保險也是不錯的投資工具之一，保戶也可以當個聰明快樂的懶人投資者。

✎ Q4. 保險公司因投資海外資產造成匯兌損失，是否會影響保戶權益？

這是大家最近非常關注的問題。金管會公布 2018 年台灣外幣保單銷售全年新契約保費收入達 6,179 億元台幣，較 2017 年增加 22%，其中投資型占 2,398 億元，成長 54%；傳統型 3,780 億元，成長 58%；而以幣別區分，最熱賣是美元保單，約達台幣 5,294 億元，占比更高達 85%。

由於保單預定利率的設計，是保險公司對客戶履行未來各種給付責任的最低保證，因此保險公司必須將收到的保險費做有效的投資運用，俾期產生高於預定利率的收益，以避免發生「利差損」，而影響公司財務穩健及營運的安全性。

但也因為近十年來國內利率市場低迷，投資收益低；證券及不動產市場波動性大，投資風險大，因此保險業者紛紛尋求海外投資機會，以賺取較高的資金運用利潤，而使得外幣保單銷售逐年遞增。

根據保發中心統計，截至 2018 年 11 月，壽險產業總共握有 26 兆 3 千億元資產，其中有 16 兆資金是前往海外投資，比率高達 6 成，雖然海外有較多的投資選擇和獲利機會，但海外資產匯兌損益的風險，反而成了影響投資績效的另一項重要變數。

2018 年美國連續升息 4 次，台幣／美元利差持續擴大，美元升值，對

握有大部位美元資產的保險公司原本是個大利多，單單匯兌收益就大賺2,810億元，然而，美國利率升高，迫使台灣保險公司海外避險成本也跟著拉高，全年光避險損失就擴大到4,840億元。將近5千億元的避險成本，不僅吃光2,810億元匯兌收益，保險公司還倒賠2千多億元，寫下壽險公司匯損新高紀錄，引發市場擔憂保險公司淨值是否會持續減少，造成資本適足率（RBC）下滑需要增資，以及持續的匯損是否會影響保戶權益的疑慮。

針對這樣的疑慮，首先要說明的是：保險公司資產的帳戶歸屬及匯兌風險由誰承擔？

保險公司的資產可區分為兩大類，一是「一般帳戶（General Account）」，被歸類在此帳戶的資產，包括保險公司自有資本及傳統型保單的保費收入，其投資運用權限在保險公司，投資風險（包括匯兌風險）及投資績效均由保險公司承擔。

另一類是「分離帳戶（Separate Account）」，也就是投資型保險的專設帳簿，以獨立會計方式揭露財務，清楚而明確，萬一保險公司破產時，也不會影響到保戶權益，因此，這類商品的投資風險（包括匯兌風險）及投資績效均須由保戶自行承擔。

但是目前銷售量最大的利率變動型商品（年金或是壽險），則屬於「區隔帳戶（segregate account）」，歸類於保險公司一般帳戶內，保險公司針對區隔資產計算收益以回饋給保戶，於財務報表上無需揭露所區隔的資產，但萬一保險公司發生破產時，所有保戶須一起分享剩餘價值。

了解上面的保險資金帳戶分類之後，接下來要探討：保險公司將保費投資到海外資產，保戶是否要跟著承擔匯兌損失的風險？

　　如果保戶買的是外幣保單，而且是以原（外）幣別繳交保費，無論是傳統型或投資型保單，原則上並無所謂的匯兌風險，因為保費繳交及保險金給付都是以原幣方式交易，因此，這類保單的風險，在於投資標的的損益，傳統型由保險公司承擔，投資型由保戶自行承擔。

　　但如果保戶買的是外幣計價的台幣保單，則投資於海外資產的保單，該由誰承擔匯兌風險？會依「非利率變動型的傳統型保單」、「利率變動型保單」、「投資型保單」三類而有所差異：

　　1.「非利率變動型的傳統型保單」：這類型保單資產屬於「一般帳戶」，因此匯兌損失由保險公司自行承擔，保險公司各項保險金給付，不管有無匯兌損益，都必須依原來的保單預定利率核算的條件負保險金給付責任。

　　2.「利率變動型保單」：這類型保單資產屬於「區隔帳戶」，匯兌損失將會計入區隔資產的投資績效中，做為宣告利率的核定條件之一，但由於目前國內利率變動型保單條款規定宣告利率不能為「負值」，故嚴格來說，區隔資產的保戶等於是有限度地承受匯兌風險，超過部分將由保險公司全數承擔。

　　3.「投資型保單」：這類型保單資產屬於「分離帳戶」，匯兌損失將全數由保戶自行承擔，如果損失的程度超過投資標的獲利的金額，保單帳面上台幣的淨值將會出現虧損狀況，這也是投資型保單經常被客訴及發生投資糾紛的最大因素，因為很多保戶並不清楚匯率波動將影響到投資績效，例如國內前幾年大量銷售南非幣計價的投資型保單，因為匯兌損失達三、四成，導致整體投資績效變成虧損，當保戶解約時發現匯兌損失吃掉投資收益時，幾乎無法接受事實，而責難銷售人員未告知匯兌的風險。

　　因此，如果保戶購買的保單，有涉及海外投資或外幣計價時，必須清楚不同資產類型的保單，可能因為匯兌風險造成的影響，而審慎評估自己風險承受程度，再做是否購買的決定，而不是一味聽信保險公司或銷售人員強調的報酬率或收益率，而忽略了整體的風險，這也是我一再強調投資理財必須落實「KYC（了解你的客戶）」和「KYP（了解你的商品）」的原因。

規畫05 | 退休期 保險需求及商品規畫

☞ **人生週期：從職場上退休或將事業交由第二代經營**

　　主要工作收入因退休而銳減，僅靠過去投資或儲蓄孳息，及社會年金收入。子女皆已獨立成家，兩老或自己面臨獨居生活，快樂健康的退休生活應該是這個階段好好享受的目標。

☞ **投資屬性：**保守型，以低風險或無風險的固定收益商品為資產配置考量。

☞ **保險需求：**補強醫療及退休金不足部分，並著手規畫資產保全及傳承計畫。老年最怕病痛折磨，俗話說，「久病床前無孝子」，一語道破，萬一不幸臥病在床，如果沒有足夠的醫療保障，便難免出現這樣的命運。

　　由於醫療科技發達，加上現代人比較注重養生，國人平均壽命已經突破 80 歲大關，「人生 70 才開始」確實是大家必須面對的課題，健康、活力、養尊處優的老後生活，是現代人追求的退休生活寫照，因此，在身體狀況及經濟能力許可下，建議應該利用最後可投保的機會，補足醫療保障的缺口。如果還有可用資金，再來安排退休安養的養老金規畫，最後再考慮資產傳承的計畫。

表 2-16：**退休期 CP 值最高保險組合** 以 65 歲男性為例

規畫險種		保額	保費預算	組合特色
意外險	死殘保險金／殘廢	100萬元	1,644元	1. 建議購買產險公司組合套餐 2. 除基本傷害基本保障外，另有特定燒燙傷200萬加值保障 3. 注意選擇有自動續保附加條款 4. 最高投保年齡、實支實付醫療、骨折未住院保障應盡量提高
	傷害醫療保險金	2萬元		
	住院醫療保險金	1,000元／日		
	大眾運輸工具增額保障	200萬元		
	搭乘交通工具增額給付	100萬元		
一年期實支實付醫療險		計畫四／日額 2,000元	22,724元	1. 因意外或疾病必須住院治療時，可以用來補貼病房費、雜費及外科手術保險金 2. 由於各公司的投保限額不同，如果預算許可，可在不同保險公司規畫購買兩張（含）以上可副本理賠的實支實付醫療險
10年期失能照護終身健康險（無還本型）		2萬元	33,760元	因疾病或意外事故導致1至6級失能時，請藉由失能扶助金做為後續醫療或復健、看護的費用
年金保險／萬能保險				依本身經濟能力算出退休金缺口，以固定收益類定存保單進行退休準備
總保費（年）				58,128元

備註：本範例僅供參考，表列險種名稱、內容及費率，各保險公司會有差異，仍依各公司實際規定為準

☞ **規畫重點：**

此階段因年齡因素，各險種保費均變昂貴，但又得兼顧退休生活費之需，因此保障重點在於：

1. 因意外造成的骨折、傷害醫療。
2. 失能、失智造成的長期看護需求。
3. 可利用年金保險或萬能保險規畫退休年金。

退休期保險規畫常見問題

✎Q1. 如何選購長期照顧險？

　　根據統計，2015 年全人口失能人數為 75.5 萬人（其中，老年失能人數為 48.3 萬人），到了 2036 年，失能人數將快速增加至 120 萬人！這些數字並非危言聳聽，在迷思篇中，我們已經探討政府的長照 2.0 政策及內容，清楚知道只依靠社會福利救助，將無法滿足因為失能導致的基本照顧需求，但市場上長期照護保險差異相當大，認定的標準及給付內容都不同，該如何選擇適合自己的長照險？

　　廣義的長照險，應該包含長期照顧險、特定重大傷病（又被稱為類長看險）及失能扶助險三種，因為都具備長期照顧的需求功能，被稱之為「長照三寶」。每一張保單的定義與保障範圍不同。而這些不同點，都將可能密切影響著保戶未來的理賠內容，購買前得先比較清楚。

　　政府長照計畫中所涵蓋的服務項目，是以「協助日常生活」、「身體照顧服務」為主。包括：居家照顧服務、日間照顧、家庭托顧等；為了維持或改善服務對象的身心功能，也同時將居家護理、社區及居家復健都納入；為

了增進失能者在家中自主活動能力，提供輔具購買租借及居家無障礙環境改善服務，並以喘息服務來支持家庭照顧者。

政府提供的長照服務，比較屬於社會福利制度的一環，照顧到病人本身及照顧者的喘息服務。商業保險中的長照險及類長看險，則比較偏向「現金」給付，保戶可以在因疾病或意外而失能的情況下，不至於讓經濟陷入困境，也能透過商業保險補足可能需要長期看護的重大財務缺口，兩者相輔相成。

長照險與類長看險的理賠認定上，不是醫生說了算，最後判定權仍在保險公司。因為影響失能或殘廢的變因太多，例如長期照顧險中，必須符合巴氏量表＊判定才能理賠，而且程度不一， 千萬別認為「有保有保庇」！

我要再次強調的是，並非買了長照險或失能扶助險，遇到任何的傷殘情況都可以理賠，必須從個人家族病史、保險預算，以及萬一不幸因為疾病或意外造成傷殘而無法工作，現有的存款能否支應醫療費用、長期看護費用及無法工作的經濟損失，綜合評估後再來選擇購買的種類。

不過，**若預算有限，依投保的迫切性來看，純保障型的失能扶助險可以比長照險優先購買，在理賠認定上也比較不會有爭議。**

表 2-17 是市場上銷售的長照險、特定傷病（類長看險）、失能扶助（照護）險之比較，可供讀者選購時參考：

巴氏量表（Barthel Index）
是一個由醫師團隊來評估老年患者日常生活的體能，所做的日常生活功能之評估量表。量表分為 5 個等級，分數越低表示老年患者的生活自主能力不足。簡而言之，就是評斷老人的生活能力，用以申請向政府補助及外勞等的證明文件。

表 2-17：長照險、特定傷病（類長看險）、失能扶助（照護）險之比較

險種	長期照顧險	特定傷病（類長看險）	失能扶助險
理賠依據	被保險人需由專科醫師採巴氏量表或其他臨床專業評量判定生理功能與認知功能障礙達6個月以上者 生理功能障礙定義：需有下列6項障礙中符合3項(含)以上者—— 1.無法自行起床 2.無法自行走動 3.無法自行進食 4.無法自行脫衣服 5.無法自行沐浴 6.無法自行如廁 認知功能障礙定義：需有下列3項分辨障礙中之2項(含)以上者—— 1.時間的分辨障礙 2.場所的分辨障礙 3.人物的分辨障礙	(A)傳統型特定傷病險——符合各保險公司商品規定，包含7項重大疾病等，另依照各保險公司設計，額外增加特定疾病的理賠，如常見的阿茲海默症、帕金森氏症、全身性紅斑狼瘡、重大燒燙傷等10～30多項比重大疾病更為罕見的疾病 (B)新型重大傷病險——符合衛生福利部公告，首次領取重大傷病卡者，但排除7項先天性疾病及職業病。保障範圍包括22類共300項以上疾病	依保單條款中失能等級表認定，失能等級共11級79項，舉例來說，雙目均失明者，屬於1級失能（全殘），兩上肢、肩、肘及腕關節均永久喪失機能者，屬於2級失能 目前大部份保單只要符合1～11級失能項目即可依比例一次給付失能保險金 但須達1～6級失能程度始按年或月給付失能扶助金。有最低保證給付期限，保證期120～200個月均有 還本型失能扶助險尚有身故保險金或滿期金
保　　費	高	中	低(保障型)／ 高(還本型)

（接下頁表）

險種	長期照顧險	特定傷病（類長看險）	失能扶助險
給付型態	單筆一次給付、分期給付	一次、多重、分期給付	一次給付失能保險金、分期給付扶助金
適合族群	中高齡、失智或失能潛在危險群	有家族遺傳病史的高風險群者	預算較少、易發生意外的年輕人、機車族
優　點	只看「失能」或「失智」的定義，而沒有特別疾病或工作能力的定義	許多保單少了罹患癌症的給付，所以，保費可能比一般特定傷病險還要便宜一些	目前失能扶助險有不少定期型保單，且有「給付期限」的限制，所以保費可以變得比較便宜
缺　點	如果生活能自理，就無法申請理賠	非保單約定的特定傷病，就無法理賠	若無保單定義的失能程度，就不能申請理賠

備註：本比較表僅供參考，各公司實際商品內容及理賠條件認定略有差異，需以各公司相關商品條款為準

✎Q2. 如何運用保單節稅？

從小我們就被教育「納稅」與「服兵役、受國民教育」是好國民的三大義務。「納稅」是國民的義務，但「節稅」則是國民的權利，千萬別讓自己的權利睡著了。

這裡我們要談「保單節稅」，並不是要教大家如何「逃稅」或「漏稅」，而是合法的以保單規畫做為節稅的工具和方法。

在迷思篇中，已建議讀者要掌握節稅規畫三原則：合法、簡單、變現

性。在此三原則下，找尋可用的管道或工具，以達成三個目標：減少課稅資產總（淨）值、降低適用課稅稅率、預留未來繳稅稅源。

　　對個人財富、資產影響最大的三種稅目是所得稅、贈與稅及遺產稅，以下就分別說明如何應用保險做為此三種稅的節稅方法或工具。

善用保險所得稅扣除額

　　在個人所得稅方面，現行稅法規定每人每年有 2.4 萬元的商業保險保費扣除額，若一家四口，合計就有 9.6 萬元的免稅額。如果再累計可全額扣除的勞、健保等社會保險保費，每年可扣除的金額省下的稅也是一筆不小的金額，尤其高所得稅率的客戶，節稅效果更大。未來政府有可能會再把年金保險獨立出來增列扣除額，讀者宜善加利用此稅制優惠。

　　唯利用保險費列舉扣除額節稅，必須留意以下幾點原則：

1. **非直系親屬不能列入**：只有要保人之父母、子女的保險費可以列入；
2. **非撫養親屬不能列入**：舉例來說，若子女已成年並自行報稅，就不能列舉扣除；
3. **地下保單不能列入**：未經政府核准在台販售的保單皆不可列舉扣除；
4. **列舉扣除限人身保險費**：壽險、傷害險、醫療險、旅行險、年金險等都可列入，但地震、火災或車險，以及投資型保單中投資部分的保費等就不能列舉扣除；
5. **保單必須提早購買**，因為當年投保的保單，隔年五月報稅才能列舉扣除，

因此一般都會建議保戶要提早規畫。

此外，《基本所得稅額條例》第 12 條規定，2006 年 1 月 1 日以後所訂立受益人與要保人非屬同一人之人壽保險及年金保險，受益人受領之死亡給付保險金，每一申報戶全年合計數在三千萬元以下部分，免予計入個人之基本所得額，亦屬於所得稅的一種優惠。

利用規畫保單贈與

依照贈與稅法規定，父母（祖父母）每人每年對子女（孫子女）有 220 萬元免稅贈與額度，雖然許多父母或祖父母已經有分年贈與的節稅概念，但卻又擔心每年的免稅贈與現金會讓子孫們養尊處優，而不願再踏實工作。因此，如何應用政府分年贈與的德政，又可以讓孩子心態不要改變，確實相當頭痛。

再者，如果是採現金贈與給未成年兒女，這些錢累積到小孩成年可以自主運用資金，或者做為出國唸書、創業基金時，短則數年，長則可能一、二十年，一直放在銀行存款，以目前的偏低的存款利率，所產生的利息收入，恐怕抵不過通貨膨脹的速度，只會愈放愈薄；如果拿去買股票、買基金又擔心虧錢，確實會傷透腦筋。

那到底該如何規畫分年贈與最恰當呢？

2015 年底有位開記帳事務所的朋友，他的客戶因為購買公共設施保留地搭建鐵皮屋出租給水果行、汽車修理廠、倉儲業者，每月租金收入相當可觀。這客戶有兩位小孩分別是 18 及 16 歲，看著客戶每年高額現金進銀

行戶頭，朋友建議客戶應該及早進行節稅規畫，否則以後遺產稅可能相當可觀。

客戶聽了覺得有道理，也分別諮詢會計師、土地代書及財務顧問。但專家們的提議，不論是設境外公司、買公設保留地，或買股票利用孳息信託贈與等提議，客戶覺得，專家的提案對他而言都太難、太複雜，也未必合法、安全。

最後依保險顧問的建議，每年各贈與現金 220 萬元給子女，並直接以子女為要、被保險人規畫了 10 年期分年繳的類定存保單，預計做為子女未來的購屋基金。這樣一來，保單成了最好的節稅工具，也不必擔心「錢財露白」，讓子女怠惰或奢侈浪費。

不過要特別提醒讀者的是，如果每年有申報 2.4 萬元的保費列舉扣除額時，保單中途辦理解約，領取解約金，則必須以「其他所得」列入當年度所得補繳所得稅，計算的額度即為該保單過去年度申報保費列舉扣除總額。但若過去未使用保費列舉扣除額時，所領回解約金即不必再列入所得申報。

✎Q3. 身故保險金給付不能免遺產稅？

中國阿里巴巴創辦人馬雲認為，「錢放銀行是肥在現在，瘦在未來，保險規畫則是贏在未來。」而掌握全球資金脈動的前美國聯準會主席柏南奇（Ben Bernanke）曾經透露，其理財的原則是簡單而保守，他身上既無股票也無房地產，理財均以年金為主。

高額保單是過去台灣富人喜歡採用的節稅方式，根據《保險法》第 112條及《遺產暨贈與稅法》第 16 條第 9 款規定，被繼承人死亡後，理賠給受

益人的身故保險金不計入遺產總額計算。因此，透過保險規畫，可以將應稅的遺產，透過適當配置，轉換為免稅的資產，我曾經聽過一張保費高達台幣 8 億 3 千萬元的驚人大保單。

但自從大法官會議作成釋字第 420 號解釋文「實質課稅原則」後，稅捐機關開始進行高額保單查稅，大家對於高額保單「聞稅色變」。於是，保單不能節遺產稅的論調傳遍市場。

究竟高額保單能不能節稅？當然可以。因為《保險法》第 112 條及《遺產暨贈與稅法》第 16 條並未修正或廢止，在不違反「實質課稅原則」下規畫的高額保單，依然符合適用這兩個法條，可免列入遺產總額課收遺產稅。《遺產暨贈與稅法修正案》業經立法院 2017 年 4 月 25 日三讀通過，並經總統公布，確定遺產稅與贈與稅由單一稅率 10％改為「10％、15％及20％」三級累進稅率，茲就修正適用之免稅額、扣除額與稅率列示如表2-18。

譬如說，被保險人從 40 歲開始買 1 千萬元高額保障的定期壽險，滿期為 65 歲，分 20 年繳費，每年繳交 30 萬元保費，客戶不幸在第 10 年身故，這 1 千萬元的身故保險金是符合法令規定免列入遺產總額的，而依客觀的事實，被保險人也沒有惡意逃漏稅的意圖，當然就不會被依「實質課稅原則」追稅。

只是一般人對「實質課稅原則」無從判斷何種狀況會被判定應稅，而心生畏懼，致使保險業務員也跟著不敢再提高額保單節稅一詞。金管會也在2013 年 6 月 4 日函文要求保險公司，應以書面文件載明實質課稅原則警語內容，告知要保人，並在各公司網站首頁設立專區揭示。

表2-18：現行遺產稅計算規定

	項目	2017/5/12 以後
免稅額		1,200 萬元
扣除額	配偶	493 萬元
	直系血親卑親屬扣除額	50 萬元
	父母扣除額	123 萬元
	身心障礙扣除額	618 萬元
	受被繼承人扶養之兄弟姐妹、祖父母扣除額	50 萬元
	喪葬費扣除額	123 萬元
不計入遺產總額	被繼承人日常生活必需之器具及用具	89 萬元
	被繼承人職業上之工具	50 萬元
稅率	遺產淨額 0 ～ 5,000 萬元 遺產淨額 5,000 萬～ 1 億元 遺產淨額 1 億元以上	10% 15% 20%

備註 1：軍、警、公教人員執行職務死亡者為 2,400 萬元
備註 2：表列各項免稅額及扣除額，係被繼承人死亡日之期間在 2014 年 1 月 1 日（含）以後適用，僅供參考。實際發生繼承時仍須以當時規定辦理，可至財政部稅務入口網站線上服務區查詢及試算

表 2-19：遺產稅計算公式

遺產淨額	適用稅率	遺產稅計算公式
0 ～ 5,000 萬元	10%	遺產稅 = 遺產淨額 ×10%
5,000 萬～ 1 億元	15%	遺產稅 = 遺產淨額 ×15%－250 萬元
1 億元以上	20%	遺產稅 = 遺產淨額 ×20%－750 萬元

不過要補充一點，縱使高額保單符合免列入遺產總和計算，仍有「基本所得條例」即俗稱「最低稅負制」中，有關保險金給付超過規定限額，必須列入申報戶當年基本所得計稅的適用，但此時所核課的稅額是屬於「所得稅」的性質，亦不是遺產稅。

國稅局抓高額保單逃漏稅 9 重點

財政部賦稅署因擔心各地稅捐機關認定標準不一，因此，特別公布「實務上死亡人壽保險金依實質課稅原則核課遺產稅案例及其參考特徵」，條列了 19 個被判定應稅具體案例供保險公司業務員及民眾參考（詳參閱第 232 頁附錄一）。可歸納主要的 9 大特徵如下：

1. **躉繳投保**：千萬以下保費有 3 件案例，最低 499 萬元，最高 2 億 2,308 萬元。
2. **高齡投保**：70 歲以下案例有 2 件，投保年齡最低為 64 歲，最高為 84 歲。
3. **重病投保或帶病投保**：案例有 12 件被列為重病投保，癌症 6 件，中風 2 件，其他分別為洗腎、帕金森氏症、失智及精神疾病。
4. **短期投保**：投保後一年內死亡有 7 件案例，最短僅投保 18 天即死亡，最長 5 年 11 個月。
5. **密集投保**：有 6 件案例提到密集投保，最少的個案投保 3 件，最多達 26 件。
6. **鉅額投保**：參閱躉繳投保。

7. **舉債投保：**有 5 件案例係以舉債繳保費，舉債金額最少 1,480 萬元，最高 1 億 2,300 萬元。

8. **保險費 (加計利息) 等於或相當於保險給付金額：**參閱躉繳投保。

9. **保險給付低於已繳保險費：**參閱躉繳投保。

以上這幾種情況，因本質上都違反保險的本意，故被稅捐單位依「實質課稅原則」判定應稅。目的在遏止透過保險進行逃稅或漏稅的行為。建議讀者規畫保單節稅之前，仍應本著「合法、簡單、變現性」三原則，以免節稅不成反遭罰款而得不償失。

但也並非只要是符合上述某幾個條件，就一定會認定應依「實質課稅原則」課稅，財政部曾就民眾訴願，以「投保日距其死亡已超過 7 年，且被繼承人 2006 年間，因糖尿病於新陳代謝科門診追蹤治療菌血症等住院，似非屬帶病投保」，而撤銷國稅局的課稅決定。

換句話說，財政部認為不是僅有帶病投保，就等於有規避稅負的動機，稽徵機關應仍就投保行為本身是否有規避動機，而做實質舉證責任[24]。

（註 24）參閱《KPMG 家族稅務辦公室月刊》，2017 年 3 月號。

樂齡專篇

高齡台灣，
四、五、六年級生
要做的 5 項功課

功課 01 ┃ 高齡台灣
人口老化的趨勢及衝擊

2018 年 3 月底，台灣 65 歲以上人口已超過總人口的 14％，正式邁入「高齡社會」，依照國家發展委員會推估，2026 年，台灣的老年人口將超過 20％，與日本、南韓、新加坡及歐洲部分國家同列為「超高齡社會」，高齡化浪潮席捲而來，人口老化衍生的社會結構性及醫療、長期照護等問題該如何因應，成為政府當前面臨嚴重的課題，也是國內四、五、六年級生（民國 40 ～ 60 年出生，泛指 40 ～ 70 歲的人）必須積極應對的衝擊，只靠政府的力量及社會福利政策，絕對是不夠的。

衛福部及內政部 2018 年 9 月同步公布的「2017 年老人狀況調查報告」及「2017 年簡易生命表」，隨著醫療設施健全、公共衛生條件改善，國人壽命提高，高齡人口隨之增加，國人平均壽命已達 80.4 歲，男性 77.3 歲、女性 83.7 歲，皆創歷年新高。截至 2018 年底，65 歲以上人口數 343 萬 3,517 人，老化指數已達 112.64（見圖 3-1），人口較 2013 年 6 月增加 79.3 萬人，成長 30.1％，且女性增幅大於男性。

調查報告同時顯示，2017 年 65 歲以上人口有子女者占 97.2％，較 2013 年減少 1.1 個百分點，平均子女數 3.4 人，較 2013 年減少 0.3 人，三代以上同堂家庭占 33.6％，較 2013 年減少 4.8 個百分點；兩代家庭占 32.8％，較 2013 年增加 7.0 個百分點。這樣的數據顯示，未來的人口結構趨勢，家庭

圖 3-1：台灣近十年扶養比及老化指數

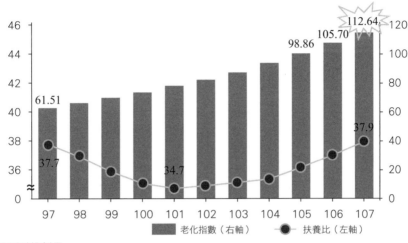

資料來源：內政部戶政司

中可以照顧老年人的人力將日益縮減，不健康老人照顧身體狀況更差的老人，這樣的問題會更加嚴重，目前社會上陸續發生的「長照人倫悲歌」也會愈來愈多。

　　由於受到傳統的社會價值觀束縛，過去國人為了改善家庭生活或光宗耀祖，年輕階段往往忽略個人健康問題，拚命工作賺錢，也因此一旦步入中年之後，健康逐漸亮起紅燈，這也是每年洗腎人口及比率屢創新高的原因。

　　在上述調查中，16.41％之 65 歲以上人口在沒有支撐下，無法從椅子上站起來，日常生活活動（Activity of Daily Living，簡稱 ADL）有困難者占13.0％，其中以洗澡困難比率 11.0％最高（見圖 3-2）；而 9 項工具性日常生

活活動（Instrumental Activity of Daily Living，簡稱 IADL），至少有 1 項困難者占 28.1％，無法「獨自坐車外出」高達 21.4％，老人的行動能力很明顯是影響身心健康的嚴重問題（見圖 3-3）。

衛福部推估，2017 年 65 歲以上生活需要照顧或協助人數為 90.7 萬人，其中 67.1％由家人照顧，外籍看護工照顧占 17.1％，機構照顧占 5.8％，另外有 5.7％無人幫忙；需要被長期照顧者占 10.74％。

令人訝異的是，有 7.34％的 65 歲以上受調查者表示需要承擔照顧家人責任，甚至有 4.20％是主要照顧者，而需要照顧的家人以配偶占 49.1％最多，其次為父母（含配偶的父母）占 34.9％。若以被照顧類型來分析，74.20％是失能，22.26％是失智，未來自身長期照顧問題已經是四、五、六年級生要因應準備的主要課題。

國內近幾年不斷出現長照家庭的人倫悲劇新聞事件，若家中有必須長期照顧的家人，因為經濟因素而無法送到專業機構照顧時，長期的經濟及精神壓力就會像不定時炸彈一樣，一旦到了壓力的臨界點，可能就會發生悲劇事件。

根據衛福部的調查報告，65 歲以上、長期照顧家人的主要照顧者平均照顧年數達 11.20 年，受照顧者是男性為 9.35 年，是女性則高達 12.44 年，而每日平均照顧時數長達 14.16 小時，對於照顧者的體力、精神及耐力都是非常大的負擔，萬一照顧者也不堪負荷而病倒，將會是社會救助機制能否運作的問題，最令人擔憂的是，調查發現高達 49.22％的主要照顧者沒有人可以輪替照顧責任。

至於 65 歲以上人口主要經濟來源調查，高達 55.3％主要來自「自身收

圖 3-2：65 歲以上日常生活有困難比率

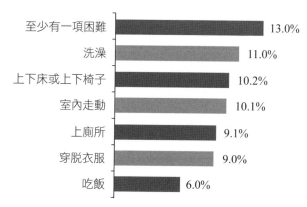

至少有一項困難	13.0%
洗澡	11.0%
上下床或上下椅子	10.2%
室內走動	10.1%
上廁所	9.1%
穿脫衣服	9.0%
吃飯	6.0%

資料來源：衛福部，2018 年 9 月

圖 3-3：65 歲以上工具性日常生活有困難比率

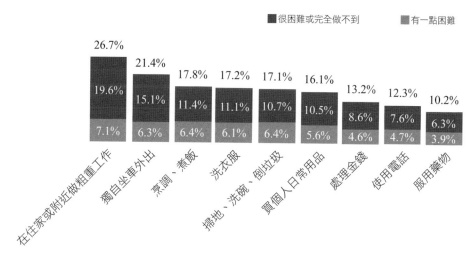

■很困難或完全做不到　　■有一點困難

	在住家或附近做粗重工作	獨自坐車外出	烹調、煮飯	洗衣服	掃地、洗碗、倒垃圾	買個人日常用品	處理金錢	使用電話	服用藥物
合計	26.7%	21.4%	17.8%	17.2%	17.1%	16.1%	13.2%	12.3%	10.2%
很困難或完全做不到	19.6%	15.1%	11.4%	11.1%	10.7%	10.5%	8.6%	7.6%	6.3%
有一點困難	7.1%	6.3%	6.4%	6.1%	6.4%	5.6%	4.6%	4.7%	3.9%

資料來源：衛福部，2018 年 9 月

入、儲蓄、退休金或軍公教勞國保年金」，其次為28.4%來自「配偶或子女」，靠「政府救助或津貼」者也有15.5%（見圖3-4），顯示軍公教勞國保年金是高齡人口主要的退休金來源。勞工人口是國內就業人口最多、比例最高的族群，但依據2016年行政院公布資訊，勞工每月平均可領取年金僅有16,179元，這樣的退休準備顯然不足以因應老化的生活及醫療照護所需。

此外，勞保局在2019年1月發布最新勞保財務精算報告，在現行勞保給付條件下，若不進行勞保年金制度改革，勞保基金預估將提前於2026年破產，換言之，四、五、六年級生在現行年金制度不改革下，很有可能根本領不到勞保年金。因此，單靠政府的「軍公教勞國保年金」做為養老退休金主要經濟來源，風險顯然是偏高的，還是得自己及早準備。

相同地，主要依賴配偶或子女接濟者，在未來扶老比快速惡化狀況下（見圖3-5），子女的經濟負擔日愈加重，恐怕只會雪上加霜，這也是目前人口老化程度比我們嚴重的日本「下流老人」愈來愈多的原因之一。

雖然我們常聽到一句戲謔、自我解嘲的話：「四、五、六年級生是奉養父母的最後一代，也是被子女棄養的第一代」。但事實上，這樣的情況發生的機率是很大的，因為到了2030年，台灣高齡人口比率會與日本現狀相同，四、五、六年級生將面臨第一波衝擊，到了2060年，台灣高齡人口比率甚至將超越日本，僅次於韓國，台灣下一世代的生活及經濟壓力，恐怕會是現在的好幾倍。如何不要債留子孫、造成子女的負擔，不僅是政府要思考解決的頭痛問題，也應該是四、五、六年級生要正視且早日未雨綢繆的課題。

根據衛福部的調查結果，65歲以上人口認為每月生活費「有點不夠」

圖 3-4：台灣 2017 年 65 歲以上人口主要經濟來源比重

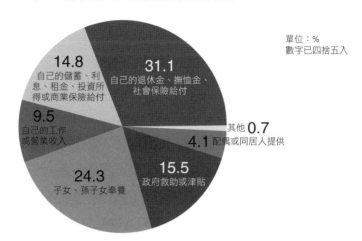

單位：%
數字已四捨五入

資料來源：衛福部 2018 年 9 月公布之「2017 年老人狀況調查報告」

圖 3-5：台灣人口扶養比變動趨勢

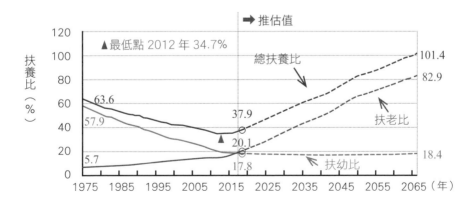

資料來源：國家發展委員會，2018 年 8 月

或「相當困難」占 21.68％，「有點困難」比率占 37.04％，三者合計高達 58.72％，我認為會有這樣的窘境，明顯受到了過去傳統觀念「養兒防老」的影響，再加上農業社會根深蒂固的「有土斯有財」的觀念，因此國內高齡者把辛苦賺來的錢，用來購置房地產準備傳承子女，導致未妥善規畫自己老年時的退休養老計畫，這也是目前 65 歲以上人口普遍碰到的困境。

雖然政府已經把長期照顧列為未來施政重點，也在 2015 年 6 月通過、並於 2017 年 6 月 3 日施行《長期照顧服務法》（又稱長照 2.0），因為嚴苛的條件限制，目前 65 歲以上人口僅 15％符合受照顧的資格，而從政府投入的預算與資源來看，分配到每一位受照顧者身上，很明顯是不足的，還是得仰賴家人照顧居多。但未來在少子化的家庭結構下，四、五、六年級生恐怕還是必須依賴這些公民營照顧機構。

因為國家長照財源的不足，大部分民眾被歸類為其他 85％不符合長照條件的健康與亞健康高齡人士，同樣須面對醫療照顧及生活起居照顧的問題，尤其是單身高齡者的獨居問題，若無法融入群體生活、欠缺與人互動，長久下來將衍生生理及心理健康問題，甚至健康惡化而成為必須長期照顧的對象。聯合國因此多次呼籲已邁入「高齡社會」國家應該及早建構完整的照顧體制，並營造友善高齡者「在地老化」及「健康老化」的環境，以提升高齡者具有尊嚴、優質的養老退休生活與醫療、照顧品質。

根據調查，2017 年台灣 65 歲以上人口「獨居或僅與配偶（含同居人）同住」的比率高達 29.35％，未來隨著人口老化程度比率將愈來愈高，另外有 12.07％目前住家宅者表示，未來生活可自理時「願意」住進老人安養機構、老人公寓（住宅）或社區安養堂，與 2013 年的調查相比較，略增加了

0.83 個百分點，顯示高齡人士「自覺」社會型態改變，與子女同住或在自宅獨居將會影響未來生活或照顧的方便性。至於未來生活無法自理時，則有高達 35.29%「願意」進住老人長期照顧機構或護理之家。而「不願意」者的原因，以「無力負擔費用」為最高，占 22.8%，其次為「入住機構不自由」占 15.14%（見圖 3-6）。

　　從上述分析可發現，「可支配費用」是影響高齡者選擇在家或住進機構的最大因素，受調查者認為進住老人安養機構每月可負擔費用以「9,999 元以下」的比率占 46.11% 最高，全體受訪者表示可負擔金額平均也只有 1 萬 400 元，若以目前的生活及物價消費水平來看，恐怕連最基本生活及醫療支

圖 3-6：65 歲以上人口未來生活無法自理時不願意進住長期照顧機構或護理之家的原因

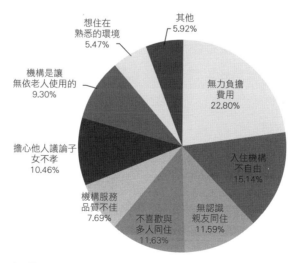

資料來源：衛福部，2018 年 9 月

出需求都難以維持，更遑論想提升生活與照顧品質了，這也凸顯四、五、六年級生要更早規畫的重要性，未來才不會面臨這樣的窘境。

最後要跟大家探討的是高齡者健康的問題，在保險業務推廣的過程中，業務人員最常遇到的拒絕理由是，「客戶自覺健康狀況很好，不需要購買健康醫療險或長照（失能）險」，針對這種塘塞的拒絕理由，我常會告訴客戶：「今天業務員找你買保險，並不是因為你有錢買，或者想利用人情壓力強迫你買，而是因為你的健康狀況可以買這些保單。」生命鬥士蕭建華老師在各種演講場合都會提到保險的重要性，他常感慨地告訴聽眾「我當初遇到一位容易放棄的天使（保險業務員），讓我從拒絕保險，到今天被保險拒絕」，蕭老師自身案例銘心刻骨的分享，就是最佳的例證。

每一個人在年輕階段，或許會因為新陳代謝功能佳、免疫系統好，因此認為在短絀的收入下要撙節開銷、犧牲某些物質生活，對於挪出預算繳保費有所遲疑，會有這樣的想法，是人之常情，無可厚非。

然而一旦步入中年，甚至接近高齡階段，慢性疾病或遺傳性疾病將隨自身免疫力的下降，陸續出現或加重至必須治療、照顧的程度，從資料上（見圖 3-7）可發現 55 歲以上自述患有慢性疾病比率高達 52.52％，若再細分年齡層分析，可發現其中 55 ～ 64 歲為 40.68％，65 歲以上為 64.88％，較 55 ～ 64 歲增加 24.20 個百分點，患有慢性疾病比率隨年齡增加而快速增加，80 歲以上則高達 72％以上，75 歲以前男性高於女性，75 歲以後則女性高於男性。

因此，我想提醒四、五、六年級生，要做的第一個功課就是「了解自己和社會的改變」，了解自己的家庭結構未來的變化、了解自己經濟能力的多

圖 3-7：台灣 55 歲以上人口罹患慢性病情形

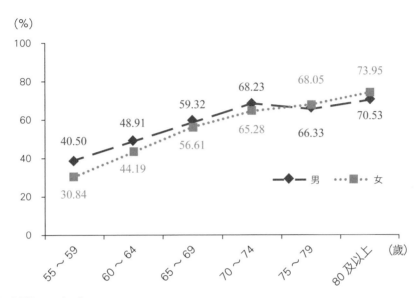

資料來源：衛福部，2018 年 9 月

寡、了解本身及家族健康狀況或遺傳病史、了解未來自己想過什麼樣的退休生活、了解社會及政府能幫民眾做到多少……。只有站在制高點客觀地剖析自己、前瞻未來，才能為自己的老化生活或醫療照顧做好周全的準備。

當然如果你是七、八年級生，也願意提早規畫準備，恭喜你在退休養老的旅途上已經贏在出發點上。如果你還沒有開始規畫，就從今天開始起心動念、一步一步按計畫付諸實踐，「只要出發，就會到達」，期待大家有個安全、健康、富裕、尊嚴、優質的老化生活。

功課 02 | 健康老化
如何做好醫療保險規畫

　　2018 年 6 月，網路、媒體都在報導體育界前輩及運動節目名主播傅達仁，因不堪胰臟癌病痛之苦，又不想連累家人，選擇到瑞士執行安樂死的過程，「花 300 萬元還客死他鄉」真是令人感到悲痛與不捨的殘酷實例。

　　但是，走向老化是「生老病死殘」生命週期中無可避免的人生道路，隨著醫療科技的進步與養生保健知識的普及，人類壽命不斷地拉長，因此，世界衛生組織早在 2002 年即提出「活躍老化」（Active Ageing）的概念，強調健康、參與及安全，以提升高齡者生活品質。

　　衛福部最新發布國人健保費用支出報告，2017 年全年門、住診合計（包括急診）醫療費用計 6,569 億點，若以年齡層分析，65 歲以上人口占了 36.9％為最高，其次是 45 ～ 64 歲占 35.0％，15 ～ 44 歲占 21.5％，0 ～ 14 歲占 6.6％，2017 年 65 歲以上人口占總人口比率還不到 14％，卻占了整個醫療資源三分之一以上，可見高齡者的醫療問題及負擔，將會是影響未來退休生活良窳最關鍵的因素。

　　如何規畫未來醫療保障計畫？首先可以從醫療疾病的就診率及費用率統計分析，來優先考量合適的健康醫療險，從衛福部報告可發現 65 歲以上人口的門診就診疾病多屬於慢性病（見表 3-1），尤其是腎臟疾病的醫療費用更為驚人，這也是我們常聽到的台灣高齡者洗腎的人口比例世界第一的

原因。

　　而住院原因的前三大疾病：「呼吸系統疾病」、「循環系統疾病」及「腫瘤」的醫療費用，明顯較第四名以後的疾病高出許多，這些疾病幾乎也是門診前五大慢性疾病的病程發展結果，因此患者反覆住院的次數及機率遠大於其他類別的疾病。

表 3-1：2017 年國人 65 歲以上人口前五大門診及住院醫療費用統計

排名	西醫門診醫療費用		住院醫療費用	
	疾病別	百萬點數＊	疾病別	百萬點數
1	慢性腎臟疾病	24,780	呼吸系統疾病	21,166
2	第二型糖尿病	9,153	循環系統疾病	16,905
3	本態性（原發性）高血壓	4,769	腫瘤	11,921
4	老年性白內障	3,130	傷害、中毒及其他外因事故	6,933
5	支氣管及肺惡性腫瘤	3,127	肌肉、骨骼系統及結締組織疾病	6,899

資料來源：2018 年 12 月衛生福利部編印「2017 年全民健康保險醫療統計」
資料整理：吳鴻麟

小辭典　健保費用點數：是指醫院與中央健保署計算支付醫療費用使用的單位。假設某醫院統計替病患看病、檢查等醫療服務，向健保署共申請 3 萬點，健保署會審核申請的點數是否合理、檢查的項目是否必要，做適當的刪減後，核計總點數，然後再核計一點要換算多少錢，可能是 0.9 或 0.8 元不等，但這一部分費用係由健保署支付，民眾不需付費。

　　2017 年，台灣 65 歲以上人口總死亡人數為 123,543 人，以當年國人十大死因及 65 歲以上人口就診率及死亡人數（見表 3-2）作比較，65-74 歲的十大死因與國人相同，75-84 歲則是「敗血性」擠下「慢性肝病及肝硬化」，85 歲以上則是「敗血症」及「衰老／老邁」擠掉了「慢性肝病及肝硬化」及「事故傷害」，整體而言，65 歲以上人口的前十大死因，除了「敗血症」死亡人數高於「慢性肝病及肝硬化」死亡人數外，其餘皆與國人相同。

　　上述疾病從發病到死亡，治療的時間通常很漫長，加上醫藥技術發達及就醫便利，只要遵照醫師的要求，存活期短者三、五年，長者可達四十、五十年。但是，若不幸需要他人看護或長期照顧，沒有足夠的積蓄或

表 3-2：2017 年國人十大死因及 65 歲以上人口就診率與死亡人數統計表

排名	疾病	就診率（每十萬人口）	死亡人數	占死亡人口比率（％）
1	惡性腫瘤	9,700	29,790	24.1
2	心臟疾病	27,550	15,951	12.9
3	肺炎	8,167	11,365	9.2
4	腦血管疾病	11,925	9,360	7.6
5	糖尿病	30,157	7,969	6.5
6	事故傷害	2,167	2,335	2.5
7	慢性下呼吸道疾病	16,606	5,821	4.7
8	高血壓性疾病	58,112	5,072	4.1
9	腎炎、腎病徵候群及腎性病變	12,800	4,588	3.7
10	慢性肝病及肝硬化	6,257	-	-

資料來源：2018 年 12 月衛生福利部編印「2017 年全民健康保險醫療統計」
資料整理：吳鴻麟

保險可以支付龐大的醫療及照護費用，對患者或家屬將會是沉重的負擔。

從表 3-2 可發現，心臟疾病、糖尿病、高血壓性疾病是高齡人口就診率最高的疾病，這些通常是家族性遺傳疾病，以目前醫學技術只能做支持性療法，控制及延緩惡化或造成併發症的進程，無法完全治癒。一旦病人被診斷出罹患這些疾病，就終身無法脫離就醫，甚至會有反覆住院治療的可能，若部分治療方式、藥物、器材及住院、手術費用不在健保給付範圍內，自費的醫療費用也將會是患者與家人的沉重負擔。

另外，要特別提到的疾病是失智症，有關失智症未來的盛行率，本書前面篇幅已經談過，一旦罹患失智症，後續如果沒辦法送到專業機構照顧，對病人和家屬都會是一項煎熬，但失智症患者發病後的存活期平均達 10 年以上，如果要受到好的治療與照顧，花費的金額恐怕要千萬元以上，若沒有保險給付，一般家庭根本難以負擔。

有不少人認為，失智症是老年人才會罹患的疾病，年輕人不會。但衛福部國健署提醒年輕人，有個疾病名叫「早發性失智症」，在 30 歲到 64 歲人口的發生頻率為千分之一，機率並不低。國健署表示，年輕型的早發性失智症，是指 65 歲以下被診斷為失智症之個案，根據國際失智症協會統計，這類失智症的人口盛行率為千分之一，推估台灣約有 1.2 萬人是年輕型失智症，因此，四、五、六年級生不能不重視潛在的早發型失智風險。

俗語說「老年最怕病來磨」，其實病痛並不可怕，怕的是沒錢就醫，就會成為身體和精神的折磨。尤其在全民健保瀕臨破產之際，政府健保費用編列「總額預算」及 DRGs 制度的施行只會愈來愈嚴謹，民眾將來自費醫療的項目與比重也會愈來越多，因此，若要健康老化，便應該事先規畫好完

整醫療保險計畫，預先建構高齡期醫療防護網，才能在無後顧之憂下接受最好的醫療照顧，而不會過度影響自己和家人的正常生活。

綜合以上的分析，四、五、六年級生規畫高齡醫療保障計畫，應該要考量三個重要因素：把握投保時機、可支配保費預算分配、選擇投保險種及保障項目，才不會盲目投保或者顧此失彼，造成醫療防護網的漏洞，而暴露在沒有保障或保障不夠的風險下。

把握投保時機

國人平均壽命的延長，雖然算是好事一樁，但增加的壽命卻大多是在看病、求診或住院中度過，從前述衛福部公布的各項醫療相關統計資料顯示，慢性疾病或家族遺傳性疾病，將是高齡者醫療就診及住院頻率最高，且將來醫療負擔最多的項目。而慢性疾病或遺傳性疾病通常在步入中年之後（約 40 ～ 60 歲）開始出現症狀，一旦出現症狀開始就診之後，在投保健康醫療險就會有健康告知的問題，很有可能因此被拒保或者延期、加費、降低保額、除外批註承保等等，而無法保障這些疾病的醫療給付理賠。

此外，惡性腫瘤（癌症）為國人十大死因之首，隨著醫藥技術的發達，癌症患者存活期愈來愈長，但相對治療花費更是驚人，尤其是新型醫療器材、手術方式（如達文西機械手臂手術）、特殊藥物（如標靶藥物）大多為健保不給付範圍，若無法在確診為癌症前即完成投保，一旦病理切片報告確定為惡性腫瘤後，幾乎所有健康醫療險、癌症險、重大傷病險、長照（失能）險都會被列為拒保體，對經濟狀況不寬裕的家庭將會是雪上加霜。

　　因此，四、五、六年級生預作高齡醫療保險規畫，應把握下列時間點：

　　一、身體健康狀況良好者。被保險人應盡量把握在身體健康狀況符合要保書中健康告知詢問事項中「無」應說明的疾病或診療紀錄時，及早辦理健康醫療險投保。

　　二、過去雖曾罹患「有」上述應告知事項的疾病或診療紀錄，但已逾應告知期限者。例如曾罹患癌症，但已手術切除或化療後痊癒，並超過五年未再就診。

　　由於國內保險告知義務採「書面詢問」主義，如果被保險人的既往症紀錄確實已經超過保險公司危險評估詢問的時間，而且未被醫師要求門診追蹤者，要保險人、被保險人就不必畫蛇添足多加說明，以免被要求進一步提供就診紀錄或改體檢的核保照會，徒增困擾或被延期、拒保、加費、除外批註的風險。

　　三、符合免體檢年齡及投保額度內。當被保險人符合前二項條件時，尚需注意投保的時間及保險金額是否符合免體檢規定，應把握在免體檢期限內完成投保，如果年齡符合免體檢，但想投保較高保額以增加保障，我的建議是先在免體檢額度內投保，等保單下來後再申請增加保額，以免因超額體檢後未通過標準體核保時，反而影響原本可免體檢額度的保障。

　　要提醒讀者的是，保險公司所訂的「免體檢年齡」規定，指的是「保險年齡」，不是一般使用的「曆年制年齡」，例如保險公司規定56歲以上一律體檢，只要被保險人實際年齡超過55足歲六個月又一天，保險年齡就是56歲，便必須體檢。

　　四、若想同時規畫多種健康醫療保障計畫，而因身體健康狀況或年齡

必須體檢時，建議不要嫌麻煩，應先針對核保規定較寬鬆、體檢項目較少的保障計畫辦理投保，等通過核保之後，再加保核保規定較嚴格或檢查項目較多的險種，以免因為不利的體檢結果，影響了所有保單的核保條件。例如一般體檢額度的尿液檢查和高額件的尿常規檢查的區別，前者只是做一般尿液試紙檢查尿蛋白和尿糖，後者則包括尿沉渣、尿潛血、酸鹼度等等，而檢查的項目愈多、愈精細，異常的機會當然就愈高，被拒保、延期或次標準體承保的風險也就更大了。

　　五、有家族遺傳性病史者，如父母、兄弟姐妹中有罹患高血壓、糖尿病、心臟疾病、甲狀腺疾病、乳癌等遺傳性機率高的疾病，未來自己罹患的機率也較一般人高，因此應該愈早完成投保，例如重大傷病險、癌症險，以免在症狀開始出現之後無法投保。

　　六、意外傷害保險也是高齡者容易造成醫療的原因，尤其是跌倒骨折或脊椎傷害常導致臥病在床，引發其他併發症。但壽險公司的意外保險通常會在投保年齡或續保年齡有較嚴格的限制，例如投保年齡最高限 60 或 65 歲，續保年齡限 70 或 75 歲；產險公司的規定則相對較為放寬，甚至續保年齡可到 85 或 90 歲，四、五、六年級生應趁在最高投保年齡限制前，評估是否加保或改保產險公司的傷害保險，以免中斷此部分的保障計畫。

　　各家保險公司的核保規定及核保政策不同，除了保險商品內容是否符合保障需求之外，上述狀況也是必須列入考量的重要因素，投保人應找熟悉核保規範的業務員或保險經紀人事先做好功課，決定最有利的投保方式或做法，以免遇到被拒保、延期或次標準體承保，影響個人的保險計畫。

事先做好可支配保費的預算分配

進入高齡退休階段，主要收入來源中斷，但日常生活開銷、醫療及長期照顧、退休安養及休閒計畫、資產傳承計畫，都牽涉到金錢的使用與分配，必須仔細計算分配，比如說，退休之後尚有子女仍在求學階段，必須準備好子女教育金，那麼這些錢就不可能做為未來醫療或長期照顧的預算，也因為未來在長壽、通貨膨脹、投資理財、稅賦負擔等四大風險，存在著高度不確定性，便不得不事先做好可支配經費的分配計畫。

事實上，未來要過怎樣的退休生活及品質，是我們可以控制的，例如每天花多少錢在三餐飲食上、一年花多少錢在旅遊休閒上，但唯獨疾病或意外事故的發生時間和醫療費用是我們無法掌控的。常聽到有人提倡「自己準備好醫療費用，不需要買醫療險」的想法，這其實是相當危險的觀念，因為，本來準備好各項用途的錢，可能因為未預期發生的事件，而必須挪為他用，等到將來真正要用到醫療或照顧時，恐怕就會捉襟見肘而陷入無錢就醫的困境，這也是古人常說的「不怕一萬、只怕萬一」的寫照。

但過於擔心未來的不確定風險，而犧牲各項退休生活計畫，「過猶不及」地把錢全部用在健康保險的保費支出上，也不是明智之舉。如果要建構完整的醫療保障防護網，保費支出也非一般民眾負擔得起，必須做取捨的抉擇。因此，如何判斷風險的高低來分配預算做為保費支出也是一門學問，當然，這也會與個人投保時間的早晚而有所差別。

四、五、六年級生如何安排合理的保費支出？我的建議如下：

四年級生（60～70歲）：

此年齡層被保險人已接近退休或已退休年齡，主要保費來源是現有的存款或退休金，我們常聽到的合理保費支出「1/10原則」已不適用，投保商品的順序也須改變，因為此年齡的醫療險費率高，因此對於保障計畫便必須有所取捨，如果可支配的保險預算有限，要掌握「保大（病）不保小（病）」、「保定期、不保終身」兩大原則，並把一次性給付的重大傷病險、癌症險、意外險、失能扶助險的保費預算列為優先支付項目。

其次再規畫實支實付及日額型醫療險，最後再考慮退休養老相關的儲蓄險、年金險；除非尚有房屋貸款債務、子女教育或孝養父母責任者，否則終身壽險或定期壽險的保費支出應做為最後的考慮，因為，如果規畫死亡壽險計畫，此時因保險年齡大、危險保費高，可能會吃掉大部分的保費預算，而影響未來醫療保障防護計畫。

五年級生（50～60歲）：

此年齡層離退休大概還有10年左右的時間，可以利用還有固定薪水收入時，規畫10～15年期繳費終身醫療險，但也是要掌握「保大不保小」，可以優先購買終身保障型的失能扶助險、重大傷病險及癌症健康險。

實支實付醫療險、日額型醫療險、定期險規畫，則以定期型或一年期附約方式規畫。如果還有貸款或家庭養育、教育責任需負擔者，再加保意外死殘、定期壽險做為身故保障，但所有年繳保費合計仍以不超過年收入的10%為原則。

這樣的規畫內容，並非一勞永逸，一旦五年級生從職場退休，不再有

固定工作收入時，就必須重新再檢視整體的保障內容，與可用資金預算後，看是否需要重新調整。

六年級生（40～50歲）：

此年齡層離退休還有 20 年時間，但家庭經濟負擔也是比較重的階段，例如子女教育、房屋貸款、父母奉養等固定開銷，因此，保費預算應優先把萬一突發疾病或意外死亡的保障先規畫充足，如果可用預算夠當然可以購買終身壽險，但如果預算不夠，則建議購買有保證續保的短年期或一年期定期壽險。

如果有閒置資金作投資、理財，則可考慮搭配高危險保額的變額萬能投資型壽險，達到同時滿足保險與投資的需求，也是不錯的選擇。至於健康醫療險的保費則一樣先掌握「保大不保小」的原則，再利用終身醫療與定期醫療搭配組合出最適合的保障計畫。

如果因為保費預算有限，保障還有不足的部分，可利用產險公司的健康醫療險補足，但產險商品是一年期保單，並沒有保證續保功能，有些商品則是有最高續保年齡限制。因此，除了意外傷害險以外，絕不能因為保費相對便宜，而只購買產險公司的健康險。

健康老化保單的規畫重點與注意事項

表 3-3 是四、五、六年級生規畫健康醫療保險時，應優先考量及注意的事項，但建議讀者仍須依個人及家庭狀況做調整，以發揮最大的保障功能。

表 3-3：健康老化保單的規畫重點與注意事項

規畫目的	商品類別	優先考量及注意事項
醫療保障	健康醫療保險	1. 實支實付醫療險優先規畫，注意是否可副本理賠，最好規畫兩張以上實支實付醫療險，來彌補醫療中無法申請的看護費或醫療器材（如輪椅輔具）支出，其次再考慮日額型醫療保障。 2. 注意有無理賠門診手術、門診放射線及化療理賠。 3. 保費預算充分可規畫定期醫療險與終身醫療險組合，若預算有限，定期險應優於終身險規畫。 4. 選擇住院雜費及手術雜費高者投保。 5. 注意有無標靶藥物及新型醫療手術理賠限制。 6. 保障不足額部分，可搭配產險公司的健康醫療險，但產險商品無保證續保，故不能貪便宜，全部規畫產險的健康醫療險。
	一次性給付保險	1. 選擇癌症險中初次罹癌理賠金比例高者，萬一罹癌可以藉由初次罹癌理賠金做為後續大額自費醫療項目支出的準備。 2. 新型重大傷病卡險優先規畫，除 7 大類先天性疾病及職業病排除不賠外，保障範圍涵蓋 22 大類 300 多種疾病，但目前各公司有最高保額限制。 3. 傳統型重大傷病項目保障較為不足，但如家族有心血管疾病遺傳者，可考慮加保，以增加一層保障。 4. 特定傷病險，各公司商品保障的特定疾病互有不同，保障項目愈多，保費愈貴，宜多加比較，適合有家族遺傳疾病病史者投保。 5. 保障不足額部分可搭配產險公司的癌症健康險及重大傷病險，但產險商品無保證續保，故不能貪便宜，全部規畫產險的一次性給付險。
	意外傷害	1. 選擇可續保年齡高，目前產險公司的續保年齡相對優於壽險公司的商品。 2. 加大實支實付傷害醫療金額。住院醫療日額因 DRGs 的關係，住院天數不長，可減少或不保此部分保障。 3. 選擇有骨折未住院理賠保障者，高齡者容易跌倒骨折，可加強此部分保障。 4. 注意有無副本理賠及門診手術理賠。

功課 03 ｜尊嚴老化 如何做好長照保險規畫

　　雖然政府已在 2017 年實施《長期照顧服務法》，亦即俗稱的「長照 2.0 計畫」，但目前達到受照顧條件的人數不到 80 萬人，若以 65 歲以上人口來看，只有 15% 的民眾能利用政府的照顧制度，其餘 85% 的高齡者，仍必須自行規畫長照保險計畫，而已經符合條件的民眾，以目前政府投入的資源及預算來看，每人可分配到的資源根本是杯水車薪、微乎其微。

　　未來在高齡人口快速成長狀況下，如果長照的財源仍維持現行的「稅收制」，依靠政府的長照救濟，情況恐怕只會更差。因此，四、五、六年級生必須及早規畫長照（失能）險，以防萬一身體及精神狀況需要長期仰賴他人照顧時，不至於拖累家人。

　　政府的長照計畫，主要在照顧「失能」、「失依」、「失智」三種弱勢族群，是最有可能需仰賴他人長期照顧的狀態。其中的「失依」，指的是無子女照顧的老人，目前實施的長照 2.0 中已把 65 歲以上僅 IADL（工具性日常生活活動）需協助的獨居老人納入，但商業保險並不保障此類對象。

　　所謂「失能」指的是失去獨立生活活動功能的能力。一般判定的方式是透過巴氏量表評估當事人在 (1) 日常生活活動功能：進食、移位、如廁、洗澡、平地走動、穿脫衣物等六項。(2) 工具性日常生活活動功能：上街購物、外出活動、食物烹調、家務維持、洗衣服、服用藥物、處理金錢、使用電

話、粗重工作等九項，有無需要協助來加以認定。

在醫學上認定的失能程度，可分為以下三級：(1) 輕度失能：一至二項 ADL 失能者或僅 IADL 失能之獨居老人。(2) 中度失能：三至四項 ADL 失能者。(3) 重度失能：五項（含）以上 ADL 失能者。 我國長照 2.0 也是以此做為判定依據。

至於在保單上關於「失能」的認定，目前國內區分為兩類：(1) 長期照顧（看護）險，以上述 ADL 判定為標準，亦即需由專科醫師透過巴氏量表評估，需被保險人在「進食、移位、如廁、洗澡、平地走動、穿脫衣物」六項日常生活活動功能中有三項以上無法完成，才符合理賠的條件。

(2) 國內近兩年新推出的「失能扶助險（原名：殘廢扶助險）」，則將失能的認定，改以保險公司過去使用的「意外險殘廢等級表」來做為判定標準，但不限意外事故，含括疾病造成的失能都在理賠的範圍。

由於一般民眾對於這樣的認定標準接受度高，加上保費比較便宜，因此推出後即成了熱賣的商品，一掃過去長照險乏人問津的窘況。

所謂「失智」，是一種慢性、持續退化的腦部疾病，俗稱老年癡呆症，分類上有「阿茲海默性失智症」、「血管型失智症」、「混合型失智症」、「額顳葉型失智症」等等。

失智症最常見的類型是阿茲海默症，起因是大腦神經微纖維糾結或老年性斑塊形成。確切病因不明，由於此疾病會使大腦神經細胞壞死，而使得與記憶有關的乙醯膽鹼物質減少，進而影響記憶和學習。也有些因子會促發此疾病的發生，如：年紀增長、病毒感染、鋁中毒、新陳代謝障礙、基因遺傳等。

　　保單對於「失智」的認定，也因長照險與失能扶助險有不同的認定標準，長照險是以對「時間」、「人物」、「場地」三項認知功能中有兩項無法分辨做為失能的條件；而失能扶助險則以是否達到「失能等級表」認定的失能等級來判定。

　　因此，若單從認定標準及理賠條件，很難以二分法來判斷長照險與失能扶助險兩者孰優孰劣，兩類商品有重疊、也有互補的地方，如果保費預算足夠，當然可以考慮兩種商品都規畫。但如果個人預算有限，因為失能保險認定標準較長照險明確，保費也比較便宜，尤其是純保障型失能險的保費更親民，可以優先做為規畫的考量。

　　由於失能扶助險在國內屬於新種商品，推出時的保險費率僅是精算推估，並無實際理賠經驗值可參考，但此商品推出至今僅僅三年時間，已經陸續出現理賠案例，因為實際賠值高於假設值，尤其是有最低保證給付期間的失能扶助金理賠數字更為驚人，因此，從 2018 年底起，已有多家保險公司據傳因再保公司不願承接，而陸續停賣有最低保證給付期的失能扶助險。

　　隨著人口老化、醫藥技術進步及世紀文明病「失智症」的盛行，未來高齡人士面臨長照的風險也愈來愈高，而一旦因為「失能」、「失智」必須接受照顧時，照顧時間的延長及照顧的醫療、看護費用都將是一大負擔，如果沒有規畫好長期照顧保險，就很有可能「家有一老、全家累倒」，甚至出現照顧一個失智者或長期臥病在床者，就把一生的積蓄花光的慘況。

尊嚴老化保單的規畫重點與注意事項

表 3-4 是四、五、六年級生規畫長期照顧保險時，應優先考量及注意的事項，但建議讀者仍須依個人及家庭狀況做調整，以發揮最大的保障功能。

表 3-4：尊嚴老化保單的規畫重點與注意事項

規畫目的	商品類別	優先考量及注意事項
長期照顧	長期照顧險	1. 保障的類型分為兩種：生理功能障礙及認知功能障礙。理賠認定程序較複雜，每年必須重新審核是否符合理賠條件。 2. 保費較貴，若保費預算有限，不建議以此做為主要保障商品。但如預算足夠，可搭配失能扶助險投保。
	失能扶助險	1. 保障項目及理賠依失能等級表 1-11 級失能程度認定，較無爭議。 2. 相對而言，保費比長期照顧險便宜。但內含身故保險金或祝壽金的失能扶助險（還本型），中年以上投保年齡保費偏高，如果保費預算有限，不建議購買還本型。 3. 部分保險公司有出純「失能扶助金」保障附約，保費更低，如保費預算有限，可以考慮購買此類型附約，但無一次性「失能保險金」及「復健補償金」理賠項目。 4. 注意失能扶助金有無最低保證給付年（月）數，保證期愈長，保費愈貴，如係單身高齡者，可投保無保證給付類型，將節省下來的保費用在加強健康醫療或一次性給付保險保障。 5. 注意「失能扶助金」及「豁免保費」的條件，目前有 1-6 級豁免及 1-11 級豁免的兩類型商品，但羊毛出在羊身上，應仔細精算是否真的有利。
	一次性給付保險	可以加保癌症險、重大傷病險、特定傷病險來補強長照險及失能險一次性理賠金不足的缺口。

功課 04 ｜優質退休
如何做好退休保障規畫

　　日本學者大前研一在 2016 年新作《低欲望社會》一書中談到，日本在泡沫經濟破滅後，從 1990 年代到 2000 年代經歷了「失落的二十年」，經濟一直停滯不前，不管國民多麼努力，也無法獲得升遷，加薪同樣無望，縱使獲得升遷，也只是窮忙而已，因此，現在的日本社會現象，將「貧窮卻充實」當成個人生活風格，「窮充」成為日本年輕人之間的流行新語。

　　對照台灣現況，2000 年歷經「科技泡沫」及「亞洲金融風暴」之後，台灣經濟也開始一路下滑，企業不賺錢或發展受限，過去所謂「終身雇用制」的幸福企業幾乎已不存在，取而代之的是 2000 年及 2008 年兩波大規模裁員、減薪、無薪假成了四、五、六年級生心中揮之不去的夢魘，與日本早十年發生的狀況幾無差異，「小確幸」也成為台灣上班族自我解嘲、取暖的安慰詞，長久下去，如果經濟狀況沒辦法好轉，民眾也沒做好退休保障規畫，四、五、六年級生將會成為台灣第一代的「下流老人」。

　　由於國內人口以勞動人口比率最高，過去台灣經濟快速發展，中小企業及小型公司行號大街小巷林立，但 2000 年科技泡沫化之後，不少中小型企業不敵大環境改變及市場惡性競爭而紛紛倒閉，許多勞工階級畢生在同一公司、為同一雇主辛苦工作，最後不但失去工作，連退休金都付諸流水，也因而引發大大小小的勞工維權和社會運動事件。

　　為保障勞工退休權益，政府在 2005 年 7 月實施《勞工退休金條例》(俗稱勞退新制)，即一般所謂的「可攜式企業年金」，並於 2009 年 1 月施行勞保年金制度，藉由兩種年金給付制度來提高所得替代率、保障退休勞工生活及醫療照顧所需。

　　但政府立意雖佳，推動成效卻相當有限，大部分勞工退休時仍選擇一次性給付方式，尤其勞工保險新制在 2012 年底傳出虧損嚴重，因此政府再次修法延後選擇年金給付的年齡，現行規定五、六年級生必須工作至 65 歲退休才能選擇月給付年金方式，甚至以現在的政府財政困境，未來還有可能再修法調降給付金額，對照目前的調查結果有 31.1%的民眾退休的主要經濟來源是退休金（見第 179 頁的圖 3-4），未來的生活條件及醫療照顧實在堪慮。

　　2005 年，聯合國下轄的世界銀行（The World Bank）提出新的「多層次老年經濟保障模式」（見圖 3-8）將 1994 年對社會安全體系提出的「三柱體」保障模式：第一層「強制性社會保險制度（政府年金）」、第二層「任意性員工退休金制度（企業年金）」及第三層「自願性商業保險儲蓄制度（個人年金保險）」，增加了第零層「非納費性社會救助制度（最低生活保障）」及第四層「倫理性家庭供養制度（家庭養老）」，其中第零層的目的在提供貧窮老人的最低生活保障，第四層則是導入開發中國家固有傳統社會的家庭重視孝道的倫理道德思想，以及疾病相扶持的共濟觀念。

　　從圖中可明顯發現只有第三層是個人可以控制的，其他各層的保障制度則取決於政府、企業和他人的支配。因此，自發性的儲蓄、投資、理財或年金保險計畫，才是決定未來退休、安養及照顧品質的最關鍵因素。

圖 3-8：世界銀行「多層次老年經濟保障模式」

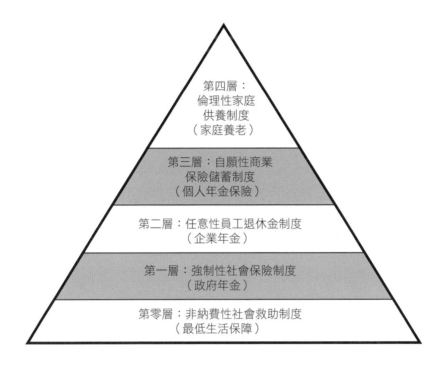

回顧 2000 年之前，國內經濟快速增長，資本市場資金需求大，利率市場處於高利率時代，民眾或許把錢存在銀行，就可以過很好的退休生活。1990 年，我服務的公司有一位主管退休，當時領了 450 萬元台幣的退休金，依當年銀行一年期定期性存款利率是 10%，只要他把錢存在銀行，每年就可以有 45 萬元的利息可以使用，那時大學生畢業後起薪大概每月才 1 萬 4 千元左右，也就是單靠存款利息收入，就等於三個大學生的工作所得總和，不需要用其他方式投資或規畫商業保險保障退休生活。

但現在經濟不景氣、市場利率低迷，一年期銀行定期存款利率跌至只剩1％出頭，如果民眾手邊一樣有450萬元的退休金，一年的利息只剩45,000元，基本上只能支撐兩個月的生活所需，接下來的日子就得啃老本，如果未好好規畫，恐怕很快就會花費殆盡，更不用想像萬一有重大疾病或事故醫療花費時的慘況會是如何。

退休規畫要考慮哪些因素？

將來「需要」與「想要」什麼樣的退休生活方式，可能是每個四、五、六年級生必須開始思考的問題，先清楚自己需要什麼、想要什麼、目前的身體健康、經濟、家庭狀況如何，再來規畫取捨，決定最適合的退休計畫，也就是大家常聽到的需求分析。

比如說，有人想要每年出國旅遊兩次，想去北極看極光、南極觀賞企鵝、搭郵輪環遊世界，雖然他的經濟狀況不是問題，但患有心臟疾病、糖尿病、高血壓等慢性病，醫生囑咐不宜遠行，那麼他可能得打消去高風險或醫療不發達的地區旅遊的計畫。

此外，平均壽命延長、物價通貨膨脹、醫療照顧成本增加、資金投資收益方式、稅務法令的變更，這些也將影響將來的退休規畫。

以我們的鄰國日本為例，由於經濟長期低迷，政府財政、稅收短絀，再加上課不到工作人口和企業的所得稅之後，便把腦筋動到聚集財富的高齡者身上，於是遺產稅、贈與稅調高，甚至消費稅也一路調漲，2019年10月1日起日本實施的消費稅，將由8％再次調高至10％，稅負勢必轉嫁到民

生物價上，當然也將影響民眾的退休生活品質，這些都是必須考慮的問題。

另一個例子是最近幾個月發生的法國「黃背心運動」罷工事件，造成法國主要城市陷入癱瘓，原因只是法國政府調漲燃料稅，對中產階級生活支出產生影響，而引發群眾暴動。

過去在台灣還有一個普遍的現象，就是民眾在年輕時勤奮工作、縮衣節食，賺來的錢除了存在金融機構外，就是購買房地產，將房地產當成投資的工具。

的確，過去三十多年都會區房價不斷翻升，有不少人因此賺了錢，卻有更多的人為了擺脫「無殼蝸牛」階級，揹了高額的房屋貸款而成了屋奴，雖然一輩子辛苦工作把房貸還清了，但退休後身邊也已經沒有多餘的錢，這種「窮得只剩下房子」的人，可能會成為四、五、六年級生的晚景寫照。

由於國內發生多起獨居老人坐擁「黃金屋」，卻因不符社會救助資格而餓死家中的悲劇，政府雖然發覺此一現象，也想找出解決方法，但初期由內政部主導的「公益型」以房養老在 2013 年 3 月 1 日上路後，因條件過於嚴苛，推行三年仍無人問津，直到合作金庫在 2015 年 11 月開辦「商業型」以房養老業務初具成效，才掀起其他公股銀行跟進風潮。

所謂「以房養老」是指房屋所有權人，將房屋設定抵押權給承辦銀行，銀行則按月撥款給借款人，以做為日常生活所需，其與一般房屋貸款的最大差別在於：借款人不必馬上攤還貸款本息，而是以「掛帳」方式記錄，未來再由繼承人還清借款債務後，塗銷抵押設定、移轉所有權，或者由銀行出售擔保品以清償貸款本息後，如果還有餘額，再由繼承人取得剩餘款項（見圖3-9）。

圖 3-9：以房養老流程圖

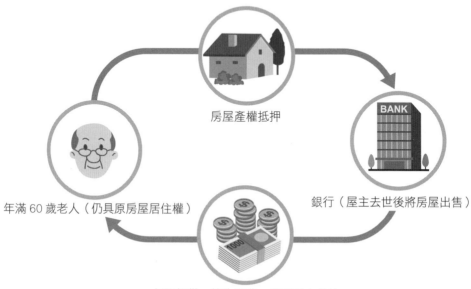

房屋產權抵押

年滿 60 歲老人（仍具原房屋居住權）

銀行（屋主去世後將房屋出售）

每月提供一筆生活費，直至老人身故

　　由於「以房養老」仍存在許多待克服的問題，目前國內銀行對於「以房養老」政策的配合，仍以公股行庫最為積極，雖然各銀行提出的方案略有差異，也各具特色（見表 3-5），但實質差異性並不大，實際推行的成果，也是政府考核公股行庫經營績效的指標項目之一。

　　根據統計，截至 2018 年 10 月底止，公股八大行庫已承作 2,900 件以房養老貸款案，總金額達 158.69 億元，分析個案內容，不論在承作年齡、地區、平均貸款年限、平均貸款金額、屋齡、擔保品價值等面向，各銀行均有雷同之處，特別是超過一半的案量幾乎都集中在雙北市（見表 3-6）。

表 3-5：國內主要公股銀行以房養老方案一覽表

項目	土地銀行	合作金庫	第一銀行	華南銀行	台灣銀行	台企銀
專案名稱	樂活養老	幸福滿袋	安心貸	安養房貸	樂活人生安心貸	安老快活
申請人資格	年滿 65 歲	年滿 65 歲	年滿 65 歲	年滿 65 歲	年滿 65 歲	年滿 60 歲
貸款年限	最長 30 年貸款期間加計借款人年齡不得低於 95 歲	最長 30 年貸款期間加計借款人年齡不得低於 95 歲	最長 30 年貸款期間加計借款人年齡不得低於 95 歲	最長 30 年貸款期間加計借款人年齡不得低於 95 歲	分 10、20 及 30 年申請者的貸款期間及年齡合計須超過「95」	固定 25 年
貸款成數	雙北市捷運站 1 千公尺內，最高 7 成，其他區域 6 成	最高 7 成，若超過 95 歲可再多 1 成	最高 7 成	最高 8 成	最高 7 成，擔保品座落以房貸核貸畫分 A 區為限	最高 7 成
利率	指標利率 2%～ 2.8%	依放款指數利率機動加碼，1.93%～ 2.53%	依放款指數利率機動加碼，最低 2.03% 起	目前約 2.68%	最低起跳利率為 1.93%～2.73%	依放款指數利率機動加碼，最低 2.% 起
撥款方式	平均按月定額給付	平均按月定額給付	平均按月定額給付	平均按月定額給付	平均按月定額給付，但逐年遞增 3%	每年領取保費 5%
計息方式	逾 5 成貸放者，按月計息，若當月利息超過每月撥付 1/3 則與應收利息差額掛帳，到期時與本金一併清償。若核貸金額未超過 5 成，利息可全額掛帳	按月繳息，惟每月計算出之應收利息，於當月之收取上限為月撥付金額之 1/3，餘未收取之利息於契約終止時一次收取	按月繳息，惟每月計算出之應收利息，於當月撥付金額之 1/3，餘未收取之利息於契約終止時一次收取	每月產生可動用額度，可隨借隨還，不動用不計息；另每月應繳納利息，超過可動用額度 1/3 可先行掛帳	以貸款 1,000 萬元、期間 20 年為例，第 1 年每月領到 3.1 萬元，第 20 年，每月增至 5.4 萬元	按月繳息，若浮動利率逾 2.5% 部分先掛帳
特色	可搭配信託產品，免保險與信託費。貸款金額低於認定價 5 成，可全數掛帳，每月領取固定金額不會減少	可搭配「樂活三寶」專案，年金保險搭配醫療保險及長照保險	整合信託、理財及外匯業務，分別設計適合 40～ 55 歲的族群的「閃耀人生」套餐、55～65 歲的「富裕人生」套餐及 65 歲以上的「樂活人生」套餐	每月產生可動用額度，可隨借隨還，可搭配安養信託服務	給付金額採逐年遞增模式，依目前利率水準，扣除繳付利息後，借款人可領用金額仍可逐年增加	(1) 年金保險與房屋貸款結合安養信託，保證給付不中斷 (2) 保險給付強制結合安養信託，確保專款專用

備註：排列以銀行筆畫順序而定，如與銀行數據相異，則以銀行公告為準
資料來源：《Money 錢》雜誌 05 月號／ 2016 第 104 期

表 3-6：國內公股行庫以房養老最新統計

	核貸件數	件數占比(%)	核貸額度	額度占比(%)
合庫	1,203	41.5	70.79 億	44.6
台銀	11	0.4	7,057.00 萬	0.4
土銀	861	29.7	43.67 億	27.5
一銀	83	2.9	6.68 億	4.2
華銀	580	20.0	26.07 億	16.4
台企銀	159	5.5	10.59 億	6.7
兆豐銀	3	0.1	1,745.00 萬	0.1
合計	**2,900**	**100**	**158.69 億**	**100**

備註：截至 2018 年 10 月底止
資料來源：合庫

　　「以房養老」是一個好的政策嗎？也許有些人會認為這是一項政府的德政，但如果進一步深入探究，就會發現其實並不然。

　　假設房屋所有權人無子嗣或其他繼承人，在不考慮資產活化效益下，或許這是政府的德政，但從實際成效看，對於非都會區的房屋所有人，因為銀行不願意承作，依然無法解決困境，而那些居住在偏鄉或部落的弱勢高齡者，因為社會救助、老人福利資源不足（例如民間公益團體無法深入部落協助失依老人），明明有房子卻無法獲得社會救濟，因此「以房養老」無法普及到偏鄉地區，協助更需要幫助的失依老人，基本上就不能算是一項成功的政策。

　　再者，對於有子女或繼承人的高齡者，如果這些家庭成員因為繼承房屋同時也承受了銀行貸款的本息，恐怕接受的意願不會太高，甚至引發家

庭不和諧的紛爭而卻步。

舉一個我參與處理的案例：兩年多前，一位曾在公營銀行服務的朋友，因為患有小兒麻痺不良於行，必須藉輪椅、拐杖代步，年輕時在台北市區買下一間公寓，退休時雖已還清房貸，但手上現金不多，單身獨居，日常生活起居靠關係親密的三位姐姐利用假日空閒幫忙照顧，包括房子整理、環境清潔、食物及生活用品添購。直到兩年前，他發現姐姐們年事已高，不忍讓她們來回奔波，加上自己存款不多，擔心未來生活可能得靠姐姐們接濟，於是找我討論該如何處理。

當時我們初步得到的結論是：房屋是未來生活上最大的負擔，因為姐姐們無法再來幫忙家事，可能得聘請幫傭來打理房子和照顧自己的生活起居，如此將多出一筆開銷，更會加速手上現金的消耗，於是讓房子「資產活化」可能是最好的方法。

最後我們討論了三個方案：「向銀行申辦以房養老」、「拿房子抵押貸款買保險套利」、「賣掉房子買保險、去住安養中心」，並做了三種方案的優劣比較分析（見表3-7）。

幾經討論和模擬試算分析後「以房養老」反而是最不優的方案，因此，他選擇了「賣掉房子住安養中心」方案，將售屋所得購買了有生存金給付的「利率變動型增額壽險」，將每年度末保單給付的生存金用來支付安養中心的費用，也省去了房屋折舊、稅金、聘雇幫傭及未來繼承分配的問題。

目前，我這位朋友已無後顧之憂地在安養中心過退休生活，也因為安養中心有了同年齡層的朋友互動，精神上顯得比以往更快樂。

以現行市場狀況來看，類定存保單的收益優於銀行存款，且風險低於

表 3-7：三方案的優劣比較分析

以 65 歲民眾，有市值 3,000 萬房屋為例（假設貸款期間各項利率及房屋價值均不變）

方　案		以房養老	貸款買保險	賣屋養老
承辦機構		銀行	銀行 + 保險公司	買賣交易對手
型態		可貸市值6成，設定30年，每月約可貸放5萬元（利息掛帳）	可貸市值8成，設定30年，購買躉繳類定存保單，每月領5萬元養老金	賣屋所得扣除養老機構每月3萬元，餘額購固定收益類產品（以保單為例），每月養老金5萬元
特色		1. 政府鼓勵推動政策，公股行庫承接意願高 2. 月領金計算簡單，對退休生活品質穩定性高 3. 不必擔心長壽風險 4. 保有房屋所有權	1. 可貸款成數高，資產活化效益最大化 2. 貸款利率相對低，利息負擔少，對本金侵蝕性較小 3. 目前類定存保單的收益高於房貸利率，有利差空間 4. 保有房屋所有權	1. 可用資金部位大，讓資產活化達到最高效益 2. 可省去未來不動產繼承可能衍生的問題 3. 可省下房子折舊、稅務、幫傭的開銷，以及未來房子繼承分配的問題 4. 可選擇適合的養老機構，接受專業的照顧
假設利率值		貸款利率2.4%	房貸利率1.7%，年生存金給付為保費2.2%	年生存金給付為保費2.2%
資產淨值	10年後	約 2,300 萬元	約 2,500 萬元	約 2,600 萬元
	20年後	約 1,500 萬元	約 2,000 萬元	約 2,200 萬元
	30年後	約 400 萬元	約 1,400 萬元	約 1,700 萬元
適合客群		無子女繼承	已有部分退休準備金的群族	不留遺產，提升退休生活品質

＊特別提醒：上述各項規畫，還是必須考量利率、長壽及通膨風險，商品規畫仍建議以穩健型固定收益類產品較適合，不建議以外幣投資型保險搭配規畫，以免因市場波動而增加投資及匯率風險。

其他投資標的，但並不是所有的保險都適合拿來當養老退休規畫用，事實上，有些保單存在著投資或匯率的風險，並不適合保守穩健的退休族群。

　　舉例來說，最近幾年很夯的高配息率（撥回率）投資型保單及類全委保單，因為存在著匯率波動及投資風險，並不見得適合所有的客戶購買，尤其是保守型的客群。如果是變額萬能壽險型態，因為有危險保額的設計，一旦危險保額擴大，將會侵蝕保單的現金價值，更不適合體況有問題的客戶做為退休規畫的工具。

　　最近我曾接到兩個諮詢的客訴案例，就是業務員利用高配息率（撥回率）做為退休養老金訴求，向高齡者不當規畫投資型保單的例證。

　　案例一是某 65 歲女性客戶在 2017 年 4 月中，向 H 銀行理專購買一張 1,000 萬元保費、連結高收益配息基金標的變額萬能壽險保單，保險金額（身故保險金給付）為 1,150 萬元，但保戶不幸在 2018 年 12 月因肝癌過世，由於匯差及投資基金虧損因素，投資標的淨值僅剩 830 萬元左右，期間配息（撥回）約 100 萬元左右，家屬申請理賠時，保險公司查出該保戶投保時已有肝硬化就診紀錄，遂以被保險人違反《保險法》第 64 條告知義務而主張解除契約，拒絕身故保險金的理賠，僅願意返還保單現金淨值 830 萬元，等於客戶實際上虧損了 70 萬元左右。

　　案例二則是某 82 歲老先生在 2010 年向 F 銀行購買了約 1 億 2 千萬元保費的類全委高額壽險保單，保險金額 1 億 2,120 萬元，截至 2018 年 12 月共配息（撥回）約 4,000 萬元，但投資標的淨值（保單現金價值）也僅剩 4,000 多萬元。由於目前危險保額（保險金額減掉保單淨值）已經高達 8,000 萬元，因此每月需扣繳的危險保費高達百萬元以上，再加上持續撥回月配息金

額，使得危險保額與危險保費扣除額繼續擴大，客戶家屬推算，兩年後，如果老先生依然健在，這張保單淨值將為零，屆時保單停效，客戶損失金額將達 7,000 萬元以上，因此家屬提出客訴，認為銀行不應該向 82 歲老先生銷售這種保單。

舉這兩個案例，並不是要跟大家說類全委保單或高配息的投資型保單不好，而是不適合做為穩健及保守型高齡人士退休規畫用，也希望讀者如果聽到業務員或理專鼓吹高齡客戶拿房子貸款套利，建議買投資型保單的話術「生前享受優渥尊嚴的退休生活，死後保全資產傳承子女」時，必須三思而後行。

此外，目前各家壽險業者推出「終身壽險轉換年金保險」的方案，也未必對客戶有利，如果仔細計算，就會發現轉換的成本（貼現率）實在太高了，如果客戶真的需要資金，改採「保單貸款」、「保額部分解約」方式，可能都比「保單轉換」來得划算，建議有這種需求的客戶，可以先請專業的保險業務員或理專協助試算後，再決定是否辦理。

當然把全部的資金放在無風險的存款也不適合，因為過低的收益抵擋不了通貨膨脹的侵蝕；但拿去做高風險的股票、期貨、選擇權、另類投資或地下融資更不恰當，因此，終身給付的年金保險、具有固定收益性的利率變動型年金、利率變動型（增額）壽險、養老壽險，以及有保本、保證收益的投資型保單，應該是四、五、六級生可用來做為退休準備的資產配置工具之一，但仍應評估自己的風險承受度及目標需求再做最後選擇。

優質退休保單的規畫重點與注意事項

　　表 3-8 是四、五、六年級生規畫優質退休保險時，應優先考量及注意的事項，但建議讀者仍須依個人及家庭狀況做調整，以發揮最大的保障功能。

表 3-8：優質退休保單的規畫重點與注意事項

規畫目的	商品類別	優先考量及注意事項
退休安養	類定存（儲蓄）保險	1. 傳統型養老險：可選擇具有固定保單預定利率及生存金養老險，清楚計算各年可領的生存金金額及保單現金價值（解約金），可利用生存金及部分解約方式搭配，不必擔心宣告利率變動，而影響退休規畫。缺點是縱使市場利率走揚，保險公司亦不會做調整。 2. 利率變動性型保險：高齡或有體況者可購買利率變動型年金，無體況者可選擇利率變動型壽險。目前國內銀行存款處於低利率時代，類定存保單適合保守及穩健型客戶購買，可利用每年領回生存金及增值回饋金做為退休生活費，若有不足，再搭配部分解約方式調整所需資金。缺點是宣告利率是波動的，若利率下滑幅度大，即有可能影響預設的退休計畫。
	年金保險	1. 即期年金險：簽訂保險契約後就開始給付年金，保費通常是採躉繳方式，如果手上就有一筆資金（例如退休金），可考慮購買即期年金險。 2. 遞延年金險：投保後需經過一段期間後（通常最少 10 年或客戶滿一定年齡前）才開始給付年金，又稱為年金累積期，通常採分期繳方式來累積保單的現金價值，做為未來年金給付的「本金」。 3. 此類商品最大優點就是客戶可以選擇保證終身年金給付機制，不必擔心長壽風險，因此，非常適合規畫做為退休安養，例如做為支付安養中心的費用。惟需了解選擇保證給付期愈長，每年可領到的年金金額就愈少，建議選擇保證給付期不宜太長，以免影響退休生活品質。 4. 缺點是商品的預定利率較低，致使商品收益性不高，因此，除非被保險人體況差或者年齡大，目前國內實際投保的狀況並不佳。

（接下頁表）

規畫 目的	商品 類別	優先考量及注意事項
退休安養	投資型保險	1. 傳統型自選標的：適合對金融市場熟悉者，可依自己的風險屬性及承受度選擇投資標的。定期定額方式則適合長期有紀律的投資人，六年級生因為離退休還有 20 年左右，可考慮選擇此類型保單搭配較高保險金額，同時達到投資與保障的計畫，但須定期檢視績效及調整投資標的。 2. 配息型類全委：此保單適合不熟悉或沒時間關注金融市場的客戶，委由專家團隊操作，但應注意保單計價的幣別及保單配息（撥回）率的選擇是否恰當？如係做為退休規畫，不建議選擇高配息率及匯率波動性大的幣別。 3. 目標到期債基金型：近兩三年熱賣的連結目標到期債類型的投資型保單，優點是只要發債機構不發生違約，到期可拿回約定的本金和利息，因此，收益率略高於市場上同幣別類定存保單，但由於是外幣計價，因此必須考量匯率風險。 4. 尚需注意保單有無閉鎖期限制，閉鎖期愈長，風險性愈高，有些保單設計為了強調不先收費用，而設定閉鎖期，因此，不宜將有短期使用計畫的資金用來購買這類保單。

功課 05 ｜ 資產傳承 如何做好資產保全的保險規畫

　　我們常聽到「留愛不留債」、「窮不能窮教育、苦不能苦孩子」的父母心聲，70 歲以上的父母輩曾歷經台灣戰後經濟蕭條的苦日子，因此為人父母都希望孩子不必像自己一樣吃苦，省吃儉用，就是希望把奮鬥一輩子的資產傳承給下一代，但是否能夠真的如願？

　　以前的人說「富不過三代」，大多在嘲諷富家子弟養成一擲千金、奢侈浪費習性後，很快會成為敗家子，散盡家財。但現在「富不過三代」未必是子女奢侈浪費的原因，而是沒有做好資產保全計畫，很可能就會把自己或長輩累積的財產耗費殆盡。

　　舉例來說，開餐飲業的業主因為廚房失火或者瓦斯氣爆損及鄰房，並造成客人傷亡事件被索賠、開（騎）車不慎撞到千萬超跑的天價維修費、不熟稅法規定漏報遺產稅被課處高額罰款等等，都有可能讓一輩子的積蓄付諸流水。

　　除了因為投資不當、未做資產風險管理，或醫療照顧費用會讓資產受損外，稅負風險也是四、五、六年級生必須密切關注的課題。雖然政府已經把過去最高稅率可達 50% 的遺產稅、贈與稅調降為目前的 20%，但很明顯地在未來人口快速老化、國內勞動人口下降，個人所得稅收減少的情況下，將來遺贈稅再調回高稅率恐怕是必然的趨勢，只是時間早晚的問題，

而且很有可能就會發生在四、五、六年級生身上。

那麼，四、五、六年級生該如何做好資產保全的保險規畫？我認為可以從兩方面著手：一是「身體或財產標的的風險管理」，二是「稅務上的保險規畫」，前者是消極地規避風險，後者則是積極地管理風險。

身體或財產標的的風險管理

所謂「身體或財產標的的風險管理」，也就是把人身的死亡風險及健康醫療、長期照顧風險，透過保險規畫，讓自己的資產不因為死亡、疾病、意外事故而受到波及，這也是前面一直強調的保單規畫的合適性與否，不僅是醫療保障的理賠，也一樣會攸關資產能否保全與傳承的問題。

當然，除了人身保險之外，還有一些屬於財產保險的範疇，本書雖然沒有深入探討，但讀者仍應該請專業的保險顧問一併規畫，才不會因小失大。例如前年新聞大幅報導的國內某大珠寶公司在參加國際珠寶展後，被外國犯罪集團趁機偷取上億珠寶即是一例。

此外，責任保險的規畫也是一般人常忽略的，例如上市櫃企業負責人、董監事或高階經裡人，很有可能因為公司經營或誠信問題，造成投資人損失而被依法追究責任及求償，例如國內有名的「陞技公司掏空案」，兩位有名的台大教授因擔任監察人被求償；「樂陞公司不實私募案」，知名節目主持人等三位獨立董事，被檢察官依《證券交易法》追訴，要求負連帶賠償責任。

再舉一個對照的案例，國際知名的「特許金融分析師協會（Chartered

Financial Analyst Institute，簡稱 CFA 協會）」在 2016 年底通知全世界分會，要求為所有 CFA 會員投保「專業經理人責任保險」，以保障會員因為提供給投資人意見造成損失被求償時，由保險公司承擔法律上損害的賠償責任。當時，CFA 總會開出的保障內容，國內的保險公司並無現成的保單符合需求，因此，透過我的經紀人公司與產險公司來回磋商，才客製化出符合總部要求的保障計畫。從這個案例，也可看出國外專業機構重視專業責任保險的態度。

稅務上的保險規畫

會影響個人或企業資產傳承有關的稅，就是遺產稅與贈與稅。過去在高遺贈稅率的時代，我們常聽到的例子是留有 10 億遺產的富豪，傳到第二代只剩 5 億，到第三代只剩 2 億 5 千萬，資產大幅縮水，確實會如俗話所說的「富不過三代」，因此，資產的稅務規畫是否妥當、合法、正確，就顯得更加重要了。

當然，資產稅務規畫的方法很多，也有許多專業機構或財務顧問會提供各式各樣的方案，比如買不動產贈與、公司股權贈與、本金自益孳息他益信託、設境外公司、買藝術品等等琳琅滿目。有些方式過於複雜，甚至有可能被詐騙；有些做法則是遊走法律邊緣，目前沒被查稅並不代表未來不會被查。

因此，本書在迷思篇即建議規畫資產節稅要考慮「合法」、「簡單」、「變現性」三項原則，以及節稅工具要能達成「減少課稅資產總（淨）值」、「降

低適用課稅稅率」、「預留未來繳稅稅源」三項目標。

至於人身保險給付可不可以節稅？因為稅捐稽徵單位常以「實質課稅原則」主張高資產人士的高額保單規畫不符合法令上稅負優惠規定，而課徵高額稅款，甚至加倍罰緩。因而，保單節稅變成保險業務員或理專不敢碰觸的話題。

我要強調的是，有關《保險法》第 112 條「保險金額約定於被保險人死亡時給付於其所指定之受益人者，其金額不得做為被保險人之遺產」、《遺產暨贈與稅法》第 16 條第 9 款「約定於被繼承人死亡時，給付其所指定受益人之人壽保險金額、軍、公教人員、勞工或農民保險之保險金額」不列入遺產總額，以及《所得基本稅額條例》第 12 條第 1 項第 2 款「本條例施行後所訂立受益人與要保人非屬同一人之人壽保險及年金保險，受益人受領之保險給付。但死亡給付每一申報戶全年合計數在新台幣三千萬元以下部分，免予計入。」《所得基本稅額條例施行細則》第 16 條「本條例第 12 條第 1 項第 2 款所稱人壽保險及年金保險，指保險期間始日在中華民國 95 年 1 月 1 日以後之人壽保險及年金保險契約。本條例第 12 條第 1 項第 2 款規定之保險給付，其屬死亡給付且一申報戶全年合計數在新台幣 3 千萬元以下者，免予計入；超過新台幣 3 千萬元者，扣除新台幣 3 千萬元後之餘額應全數計入。」等對於相關保險金給付的稅負優惠規定，截至目前依然有效，而且只要不是被判定為違反「實質課稅原則」的保險規畫，仍然享有法律給予的優惠條件。

不過要提醒的是，目前有許多保單可以選擇保險金分年給付，則保險給付金額應一次貼現計算課稅總額，或者化整為零，分年計算當年給付金

額。目前雖無案例可循，但稅捐機關似乎傾向會採一次貼現方式核算給付金額辦理課稅，投保人規畫時必須特別注意實務發展。

資產傳承保單的規畫重點與注意事項

表 3-9 是四、五、六年級生規畫資產傳承保險時，應優先考量及注意的事項，但建議讀者仍須依個人及家庭狀況做調整，以發揮最大的保障功能。

從本篇的分析及政府公布的各項相關報告，可看出人口老化、少子化家庭結構、年金及健保財務的崩解、長期照顧資源及財源不足、經濟發展停滯，台灣過去從未發生過的幾項衝擊正在逐漸成形，如果無法及早做好因應準備，一旦所有問題匯流，衝擊力絕對不只是想辦法避開就沒問題的小漩渦，而會是一個撲天蓋地的大海嘯，沒有人可以置身事外、倖免於難。

但是解決這些錯綜複雜的問題，也絕不全是政府的責任，而必須從政府、企業，到個人全體動員，尤其是個人要及早建立自覺自發的意識，並做在政府之前，才不會等到困境來臨時，只能被動等待救援。

最後再分享一個觀念：保險不是要改善我們現在的生活，而是防止將來的生活被改變。只要及早因應準備，先把自己和家人的挪亞方舟準備好，就不必擔心哪一天大洪水突然侵襲。

表 3-9：資產傳承保單的規畫重點與注意事項

規畫目的	商品類別	優先考量及注意事項
資產傳承	分年繳保單	1. 預留稅源：依財政部賦稅署公布的實務上適用「實質課稅原則」參考案例（請參閱附錄一），主要特徵在於高齡、躉繳、短期投保、高保費四種狀況，因此長年期、分期繳終身壽險或定期壽險，原則上仍適用目前《保險法》、《遺產暨贈與稅法》及《基本所得條例》等有關保險稅負優惠規定。四、五、六年級生只要體況良好，依照平均餘命計算，投保終身壽險或定期險，至少還可保 10 ～ 30 年期繳保單，因此針對高資產者資產規畫，可及早規畫高額終身或定期壽險，幫子女預留繳稅的稅源。 2. 分年贈與：採分年贈與保費給家人。以受贈人為要保人購買保單是簡單、合法的方式，一方面可以免除現金轉給子女後，被不當花費或投資的疑慮，另一方面，這種化整為零的方式經過一定期間的累積，可以降低將來應稅資產的淨值，也可以達到預留稅源的目的。
	躉繳保單	1. 分年贈與：高資產者如果可以贈與的金額大，應該在免稅額度或低稅率額度內，及早規畫分年贈與，再由受贈人以贈與金額購買躉繳保單。例如對子女每年贈與 220 萬元購買利率變動型壽險，10 年後共贈與 2,200 萬元，現金價值約有 2,500 萬元，就可以用來繳交 1 億 6 千多萬的遺產淨值的遺產稅。或者也可以考慮每年在贈與稅率 10％額度內直接辦理繳稅贈與，受贈者再去購買躉繳的利率變動型壽險，以目前商品條件，6 年後現金價值增加的部分，即等於繳稅的金額，一樣達到資產傳承的效果。 2. 要保人變更：過去常見客戶保單規畫方式，是以自己當要保人、子女做為被保險人購買躉繳壽險保單，但通常情況是父母會早於子女死亡，這類保單目前已被國稅局認定在要保人身故時，保單的現金價值必須列入被繼承人的遺產總額課遺產稅。要解決這個問題，可能只有保單解約或辦理要保人變更方式，解約將失去原有的保障，恐怕不適合，但要保人變更，則必須以保單現金價值申報贈與，現在有這樣的保單規畫，而且已累積高額現金價值者，建議必須注意及早辦理變更。

結 語

結語

「保險」是無形、無色、無味的商品，無法從外觀實體感受到商品的用途、功能，因此，是否規畫不當，往往須等到事故發生時才會知道。但如果真的不當，不只是金錢的損失，嚴重者恐怕也會造成家庭無法彌補的傷害，因此如何規畫不得不慎。

由於保險涉及的專業領域非常廣泛，不只是保險商品的內容，還必須熟悉保險法令、稅法、繼承、醫療、投資、經濟、社會福利等等。因此，民眾如果有投保的計畫，應該也要有基本的保險知識與概念，才不會受到不正確的訊息所誤導，而做了錯誤的投保或不保決定，讓自己和家人暴露在不確定的風險中而不自知。

慎選專業的保險業務員也很重要，沒有一張保單可以從出生適用到死亡，如果業務員只會話術，就用「一招半式」以一張保單跑天下，從零歲賣到 80 歲，那就要考慮業務員的專業夠不夠，也許必須多找幾位規畫後再比較看看，因為「錯誤、不當的保險規畫，比不投保更糟糕」。

由於篇幅所限，本書也只能條列 10 項常被誤導的迷思解說，無法完整詳細解答所有的疑問，筆者歡迎大家可利用本書成立的 line 群組或 email 信箱，繼續進行交流與指教。總結本書的內容，要如何規畫一生平安的保險，可以歸納成以下 6 項重要步驟：

步驟 1. 先確定人生週期所在位置：人生五大週期，每個不同階段，因為生活環境、個人與家庭責任、經濟能力、個人體況或家族病史等等，會有不同的保障需求，先確定人生週期位置，釐清這些問題，再來決定保障、理財、資產傳承等不同的需求規畫。

步驟 2. 了解自己的需求：縱使在同一週期內，每個人的需求不同，但應該先分類哪些是急迫性的需求（必要）、哪些是在能力範圍內可以增加的需求（需要）、哪些則是目前能力不及或可暫時擱置的（想要），優先規畫必要的保障部分，其次是需要的部分，最後才來考慮想要的部分。

步驟 3. 算出風險需求的缺口：各保障需求確立後，在確認現有的保障有哪些，例如社會保險、公司團保、已有的保障，扣除這些已有的保障後，就是不足的缺口，也是風險所在，便必須透過保險計畫來移轉。

步驟 4. 盤點可用的資源：不同的風險需求，會因為可支配金錢、時間、條件而有不同，例如需要 500 萬元的死亡保障需求，同樣是 500 萬元保額的意外險、定期險、壽險；保障期間是一年期、長年期或終身；投保年齡、身體狀況等等，所需要的保險費完全不同，因此必須衡量可用資源，而非人云亦云地做選擇。

步驟 5. 找出 CP 值最高的商品規畫：保單選購的最高指導原則，就是用最少的成本（保費）獲得最大的保障（保險金額）。上述條件確定後，就可以清楚自己要的保障需求及可以支配的保險費，再以此去請保險業務員找出 CP 值最高的商品組合建議。而不是順序顛倒，先找商品，再來因為預算不足刪減保障，或者增加自己無法負擔的保費。

步驟 6. 保單定期健診、調整：雖然已經買到最好的保險計畫，不是從

此就高枕無憂，而是必須隨人生週期及需求的改變適時調整，因此，好的保險業務員是客戶終身的風險規畫師，「一張保單，一輩子朋友，一世服務」，保單完成銷售才是服務的開始，有任何疑問就必須與您的業務員諮詢，這樣才能確保所做的保障規畫，可以讓自己和家人無後顧之憂，真正確保全家一生平安。

圖：規畫一生平安的保險 6 步驟

步驟1	確定人生週期所在位置
步驟2	了解自己的需求
步驟3	算出風險需求的缺口
步驟4	盤點可用的資源
步驟5	找出CP值最高的商品規畫
步驟6	保單定期健檢、調整

後記

後記｜一個優秀保險業務員的養成

1989年秋天，我從部隊退伍後，與三位大學同學在政治大學附近合租雅房，準備參加律師及司法官考試。但因為家裡經濟條件實在不好，也不想再向父母要生活費，於是陷入要找工作，或者繼續拚考試的兩難窘況。

但這樣的憂慮不到兩個星期就煙消雲散了。一位大學時期常來我們租屋處走動的學長突然跑來，提到當時薪資待遇相當不錯的國泰人壽總公司正在招考新人，尤其亟需法律系畢業的新人，學長鼓勵我們先去試試，可以邊工作邊準備考試。

就這樣，我和另外兩位同學進入國泰人壽總公司，開啟了我在壽險業的生涯。但頂著國立大學法律系畢業頭銜，不去考律師、法官，而是跑去當時被認為「社會地位低落」的保險公司上班，也引來親友的惋惜。

在公司安排的職前訓練活動後，我被分發到核保部門，另兩位同學分別被分發到理賠部門及放款徵信部門。

上班第一天，就遇到一場震撼教育，有位保戶死亡被保險公司拒絕理賠件的家屬來公司門口撒冥紙抗議，分到理賠部門的同學看到這景象，上了一天班就辭職不幹，回去繼續準備考試。

從法律人到保險人

對法律系學生而言，保險領域是相對陌生的，除了大學期間曾經修過三個學分的《保險法》以外，連最基礎的「保險學」都沒修過，我也開始懷疑自己是否適合這份工作？

所幸國泰人壽的「師徒制」，讓我們有學習、諮詢的對象。雖然當時自己的保險專業嚴重不足，但三個月後，我發現這是自己有興趣的工作。於是透過自我學習、參加美國壽險管理師（LOMA）考試，讓自己一點一點累積保險方面的知識。兩年半後，我向公司辦理留職停薪，回政大念保險研究所，成為真正的保險人。

至於另外兩位同期進公司的同學，則離開保險業，重新準備考試，隔年雙雙高中司法官及律師，目前都已經高升為地方法院院長。

常有人問我，「會不會後悔進入保險業？」我的答案是：不僅不會，還慶幸當時自己選擇「走一條不一樣的路」。學然後知不足，因為過去商學領域的課程念太少，因此，2003 年及 2013 年，我又兩度報考台北大學商學院和台灣大學管理學院碩士在職專班（EMBA）繼續進修，先後取得「財務金融」及「商學」碩士學位，這些都是因為進了保險業，才開啟我「活到老，學到老」追求不同領域知識的學習態度。

從事保險多年，經常有人問我，「如何成為一位優秀的保險從業人員？」事實上，我自認並非優秀，所以也不敢僭言。但我自認熱愛保險業，也不斷在自我學習成長，所以，我願意在此提供個人看法，並與所有保險從業人員互勉。

　　想在保險領域發展，我認為，首先得先認同自己的職業，進而才會激發你學習的意志與動能，我一直深信，沒辦法讓我們學習成長的工作，不值眷戀。

　　就像我認識一位非常優秀的年輕保險業務人員，雖然沒有顯赫的學歷，卻有比任何人更堅定要在保險業發光發熱的意志與決心。有一次，我請這位業務人員來我服務的銀行對理財專員演講，他舉了一個例子，讓我至今仍印象深刻。

　　這位保險業務說，有一次透過客戶介紹，他去找一位醫師招攬保險，到了醫院後，因為醫師當天下午有門診，於是他就坐在診間外面等了幾個小時，直到醫生看完所有的病人後才進去診間。

　　當醫師知道對方是來談保險後，顯得有點不耐且面露難色，就以自己看一下午的診已經很累為由，想三言兩語打發這位保險業務員。明顯感受到這股不友善的態度後，這位保險業務劈頭就直接告訴醫師：「雖然我是保險業務員，但我覺得我的工作比您還神聖！」對於這突然其來的說詞，醫師瞠目結舌，有點訝異。

　　這位保險業務員馬上解釋，醫師的職責非常神聖沒錯，因為必須盡全力醫治病人，尤其有性命危險的患者，但「您救的是病床上的那一個人，而我們救的則是病床邊那一群人！」

　　是的，這位病人可能是一個家庭唯一的經濟來源，當醫生也無法救回病人的一條命時，病人的家人、父母、妻兒馬上就要面臨生活上的困境。有可能房子被銀行拍賣、子女必須輟學或者半工半讀張羅學費，年邁父母親無法安享晚年……這些都是醫生幫不上的忙，但保險業務員卻可以透過

保險規畫，幫助家屬解決困境，安頓身心。

因為這番話，讓醫生感到震撼與認同，於是成了這位保險業務員的客戶和好朋友。

我分享這個例子，便是要告訴新進的保險業務人員，保險是值得一生打拚的志業，因為保險不僅可以成為你終身的工作，還能快樂幫助別人。

我的保險研究所恩師江朝國博士，曾經幫我的書寫過序，鑽研佛法且有相當慧根的他寫道：「任何一張保單的簽訂，都代表一件功德；任何一個案件的理賠，都是慈悲的布施。」

沒錯，「保險」就是一份濟世助人的志業。只要你有這份認知，也願意堅持與努力，就有機會在這個行業裡出人頭地。

如何成為一個優秀的保險從業人員？

我的看法不是以業績的多寡，或以賺取多少佣金來評斷；而是以你幫助多少人、多少家庭在風險發生時，因為一張保單而免於困頓、免於恐懼、免於遺憾來界定。

我看過不少獲得 MDRT（百萬圓桌，由全球頂尖的壽險和金融服務專業人士組成）、TOT（Top of the Table，頂尖百萬圓桌）等各種獎項的人，有些人所規畫的保單只在於提高自己的佣金，而不是以客戶需求為考量。

以佣金主導去銷售保單的業務員應該想想，在我們的保險生涯裡，可能會賣出千張、甚至萬張的保單。對我們而言，這些保單只是保險職涯中的千分之一、萬分之一；但對客戶而言，卻可能是必須省吃儉用，一輩子才能買的一張保單，是客戶人生的百分之百，當遇上風險時刻，全家可能必須靠這張保單的理賠金活下去。

優秀保險人員四要件

保險行銷上常用所謂的「成功方程式」，來教導新進人員：

KASH ＝ Knowledge（專業知識）＋ Attitude（工作態度）＋ Skill（行銷技巧）＋ Habit（良好習慣）

我認為，「KASH」是非常好的觀念，市面上已經有很多的參考書籍教導這些方法，此處不再贅述。我要強調是優秀的保險業務員，必須具備以下四點條件與特質：

第一、要有職業道德

前面已經提到，身為保險業務人員，千萬不要因為自己一時貪圖高佣金，做出不適當的保險規畫，而毀了一個家庭一輩子的幸福。

所以，具備「職業道德」是保險業務人員最基本的條件，也是要遵守的天條。沒有職業道德，今天縱使有再好的業績、得再多的獎項，也只會成為明天增添的業障，是不會得到客戶尊敬的。

當我們要把建議書送給客戶時，是不是捫心再自問一次「我有沒有盡到客戶託付的責任？」、「這是不是最好的計畫與安排？」如果內心稍有猶豫或遲疑，就應該再重新確定「是否有哪些內容不妥應該調整？」，這樣幫客戶規畫的保單，賺到的佣金便可以「心安理得」，晚上也才能睡好覺。

第二、具備專業知識

要能幫客戶規畫完善的保險計畫，便必須不斷地充實自己的專業知識，尤其保險是無形的整合方案，不是實體的商品。必須考量客戶個人與

家庭的現況、經濟能力、未來需求……等等各種錯綜複雜的變數去規畫，因此對於財務缺口計算、經濟環境、利率及匯率、投資市場、通貨膨脹、醫療、社會福利、法令……等等都必須熟悉。

但專業知識不能只倚賴公司的訓練，大部分保險公司的內部訓練偏重在商品、話術及行銷技巧，業務人員必須透過自我進修、外部訓練及國內外專業證照考試，不斷自我學習淬煉，並落實執行，才有辦法具備完整的專業知識。

第三、充分了解產品

所有保險產品的保障內容，會在保單條款上完整呈現，要了解商品就必須有正確解讀商品條款和保險法規的能力，不能只看公司的商品簡介（DM）和廣告，這是許多業務員的通病，對自己銷售的商品一知半解，卻講得頭頭是道。

所以，一定要逐字弄懂保險條款的意思，了解商品的特色，以及適合哪些客戶購買？這樣才能幫客戶做好最合適的保障計畫。

我舉個成功的例子，小飛是我以前在銀行服務的理專，3 年前毅然決然地跟我加入保險業，雖然他沒有任何的人脈，但透過不斷自我學習精進，把台灣保險公司的兒童醫療保險保單條款研究得非常透徹，經常在部落格分享自己的研究心得與忠告，因為他的專業及對產品的熟悉度，馬上經由「口碑傳播」而廣獲年輕的父母讀者信賴，去年透過他規畫的壽險保單就超過 250 張，目前他已經是小有名氣的兒童保單專家。

第四、持續售後服務

保險業務員常被詬病的一點，就是保單完成銷售前，天天找客戶噓寒

問暖，一旦買了保單之後，要他（她）服務時卻不見蹤影。

「一張保單、一世承諾」，這不是一句口號，而應該是負責的態度展現。

保單後續的服務項目非常多，不論是保費繳交、契約內容調整、理賠申請……，往往比行銷前更需要業務員協助，尤其得定期幫客戶做保單健診，依不同的人生週期與需求，進行保障內容的調整。這些都非客戶自己可以完成，業務員必須隨時清楚客戶的狀況，才能及時地幫客戶服務。

過去許多人會擔心，保險業務量愈多，售後服務就會占據太多的時間，而失去行銷的機會，因此，會考慮不要規畫太複雜的保單。

所幸，拜科技之賜，網路時代來臨，透過行動服務可以即時、多方、有效率且無遠弗屆地幫我們省下服務的時間。所以，業務人員也必須要能與時俱進，學習善用這些服務工具，才能「利己利人」。

我相信每個優秀的保險從業人員都有一套經營的 know-how，以及讓客戶信賴的方法。總歸一句：「態度比專業更重要」，「職業道德」是基本要件，「專業與服務」是自我提升的能力，但還必須有「工作熱情」當催化劑，才有機會在這個行業裡走遠、做久，只有熱愛自己的工作、熱愛與團隊分享、熱愛幫助他人，才能讓自己從「優秀」邁向「卓越」，而成為真正受人敬重的保險專家。

最後，要與所有保險從業人員共勉，大環境是由每一個小份子組成，身為保險從業人員要獲得較高的社會地位與民眾的認同，必須要大家共同努力在社會每一個角落裡，宣導傳達正確的保險理念與知識，必須從自己每一個個案做起，花時間與功夫詳細了解客戶的需求與經濟能力，進而以

CP 值最高的商品規畫，幫客戶建構完整的風險防護計畫，讓每一個被保險的個人和家庭，都能夠經由我們的保險計畫，確保一生平安幸福。

當有一天，您代表公司把及時雨的保險理賠金送交給保戶或受益人時，我相信您就可以從保戶和受益人的眼光中，看到自己存在的價值。

【附錄一】財政部賦稅署公布：

實務上死亡人壽保險金依實質課稅原則核課遺產稅案例及其參考特徵

案例 1

案例說明

　　被繼承人於 2006 年 3 月 6 日死亡，生前於 2004 年 12 月 14 日以其本人為要保人及被保險人，並指定受益人投保人壽保險（投保時約 84 歲），保險金額 20,000,000 元，以躉繳方式繳納保險費 20,000,000 元（保險部分及投資部分之保險費分別為 600,000 元及 19,400,000 元），被繼承人死亡日之投資部分保單價值為 22,789,772 元。（最高行政法院 2011 年度判字第 1003 號判決）

案例特徵或參考指標

1. 躉繳投保、2. 高齡投保、3. 短期投保、4. 鉅額投保、5. 保險費等於保險金額

案例 2

案例說明

　　被繼承人於 2002 年 6 月 27 日死亡，生前於 2001 年 2 月 7 日至 4 月 15 日期間因腎動脈狹窄合併慢性腎衰竭住院治療，同年 4 月 17 日至 28 日定期門診血析，其於 2001 年 4 月 2 日以本人為要保人及被保險人，並指定其孫（即繼承人）為身故保險金受益人，以舉債躉繳方式繳納保險費 2,578 萬元（投保時約 77 歲），身故保險理賠金 2,509 萬 9,455 元。（最高行政法院 2009 年度判字第 1145 號判決）

案例特徵或參考指標

1. 重病投保、2. 躉繳投保、3. 舉債投保、4. 高齡投保、5. 短期投保、6. 鉅額投保、7. 保險給付低於已繳保險費

案例 3

案例說明

　　被繼承人於 2003 年 11 月 21 日死亡，生前於 2002 年 6 月 4 日贖回投資基金，以本人為要保人及被保險人，投保即期年金保險，指定繼承人為身故受益人，躉繳保險費 13,148,721 元，其於 2003 年 11 月 21 日因急性心肌梗塞、心因性休克死亡，保險理賠金 11,421,560

元。（最高行政法院 2009 年度判字第 1236 號判決）

案例特徵或參考指標

1. 躉繳投保、2. 高齡投保、3. 短期投保、4. 鉅額投保、5. 保險給付低於已繳保險費

案例 4

案例說明

　　被繼承人於 2001 年 9 月 8 日死亡，生前於 1999 年 3 月 2 4 日經診斷有其他慢性阻塞性肺疾病、氣管支氣管及肺之惡性腫瘤及瀰散性肺間質變等疾病，2001 年 3 月至 9 月間陸續住院接受例行性化學治療及放射線治療，其於 2000 年 3 月 3 日起至 2001 年 8 月 21 日陸續以躉繳方式投保人壽保險，以其本人為要保人及被保險人，指定其女為受益人，躉繳保險費 3,526 萬元，身故之保險理賠金約 3,602 萬 4,133 元。（最高行政法院 2008 年度判字第 81 號判決）

案例特徵或參考指標

1. 重病投保、2. 躉繳投保、3. 短期投保、4. 鉅額投保、5. 保險給付相當於已繳保險費加計利息金額

案例 5

案例說明

　　被繼承人於 2002 年 9 月 8 日死亡，生前有鉅額財產 1 億 3 千 8 百餘萬元，其於 1999 年 4 月 13 日向銀行舉債 29,500,000 元，以躉繳方式投保終身壽險 7 筆（投保時 77 歲），指定其子女等 5 人為身故保險金受益人，保險金額 20,950,000 元，躉繳保險費 29,447,949 元，嗣被繼承人死亡，保險公司於同年月 18 日給付受益人保險金計 32,730,185 元，繼承人於同年 10 月 2 日及 3 日按各自受益比例分別清償上開銀行借款本息計 37,164,150 元。（最高行政法院 2008 年度判字第 675 號判決）

案例特徵或參考指標

1. 躉繳投保、2. 舉債投保、3. 高齡投保、4. 保險費高於保險金額；保險給付相當於已繳保險費加計利息金額

案例 6

案例說明

　　被繼承人於 2003 年 10 月 28 日死亡，生前於 2002 年 11 月 7 日檢查證實罹患肺腺癌，並於同年月 27 日手術切除，2003 年 1 月發現肺癌移轉至腦部，並於同年 6 月 17 日腦部手術，其於 2002 年 11 月 4 日至 2003 年 10 月 28 日間數度住院及作放射線治療；被繼承人於 2003 年 5 月 13 日以躉繳方式投保即期年金保險（投保時 64 歲），躉繳保險費 2,433 萬 5,000 元，並指定子女 4 人為身故受益人，保險公司依約按月給付年金 10 萬元，至 2003 年 12 月 11 日止合計給付年金 70 萬元，並於被繼承人身故後理賠 2,363 萬 5,000 元予受益人。（最高行政法院 2008 年度判字第 949 號判決）

案例特徵或參考指標

1. 重病投保、2. 躉繳投保、3. 短期投保、4. 鉅額投保、5. 保險給付相當於已繳保險費

案例 7

案例說明

　　被繼承人於 2004 年 6 月 9 日死亡，生前於 1998 年 7 月間以其名下土地向銀行抵押借款 1 億 2,300 萬元，於 1998 年 7 月 22 日投保即期年金保險 11 筆（被繼承人投保時 73 歲時），以其本人為要保人及被保險人，指定其子女及孫等 5 人為身故受益人，躉繳保險費計 1 億 2,283 萬餘元。（高雄高等行政法院 2007 年度訴字第 434 號判決）

案例特徵或參考指標

1. 躉繳投保、2. 舉債投保、3. 鉅額投保、4. 高齡投保

案例 8

案例說明

　　被繼承人於 2003 年 4 月 2 日死亡，生前於 2000 年 4 月 28 日經診斷為惡性腦瘤，同年 5 月 16 日開始接受放射治療，嗣於 2000 年 12 月 22 日以本人為要保人及被保險人，投保年金保險（被繼承人投保時 75 歲），躉繳保險費 6,585,900 元，並指定其子為身故年金受益人。（高雄高等行政法院 2007 年度訴字第 470 號判決）

案例特徵或參考指標

1. 重病投保、2. 躉繳投保、3. 高齡投保

案例 9

案例說明

　　被繼承人於 2005 年 1 月 3 日死亡，生前於 2003 年 1 月至 5 月經診斷為中風後之言語障礙和記憶障礙，2004 年 4 月 20 日起至 5 月 29 日止住院期間意識狀態為不清楚，自行處理事務能力差，2004 年 11 月 27 日起至 12 月 10 日止及 2004 年 12 月 13 日起至 12 月 21 日止住院意識為可醒著，但因雙側大腦功能缺損無法言語溝通也無法以肢體表達所需。被繼承人分別於 2003 年 6 月 18 日及 2004 年 2 月 26 日，投保吉祥變額萬能終身壽險（投保時 81 歲），以其本人為要保人及被保險人，並指定繼承人為受益人，自 2003 年 6 月 27 日起至 2004 年 5 月 13 日止，繳納保險費計 25,750,000 元；又因該保單屬投資型保險商品，繼承日價值合計 24,519,474 元。（高雄高等行政法院 2006 年度訴字第 1150 號判決）

案例特徵或參考指標

1. 帶病投保、2. 躉繳投保、3. 高齡投保、4. 短期投保、5. 鉅額投保、6. 保險給付相當於已繳保險費

案例 10

案例說明

　　被繼承人於 2003 年 3 月 21 日死亡，生前於 2001 年 6 月至 2002 年 12 月間因胃造管需替換而住院 6 次，另其 1998 年間中風，無法行動及表達，生活已無法完全自理。被繼承人於 2001 年 6 月 26 日投保即期年金保險（投保時 65 歲），躉繳保險費 4,991,360 元，身故保險理賠金為 4,287,360 元。（高雄高等行政法院 2007 年度訴字第 481 號判決）

案例特徵或參考指標

1. 重病投保、2. 躉繳投保、3. 短期投保、4. 所繳保險費相當於被繼承人生前領取之生存保險金及受益人領取身故保險金總額

案例 11

案例說明

　　被繼承人於 2008 年 12 月 19 日因肝癌死亡，其死亡前 2 個月至 1 年 2 個月間密集投保，以本人為要保人及被保險人，並指定繼承人為身故受益人，躉繳保險費 42,477,614 元，受益人所獲保險給付 44,358,797 元。（最高行政法院 2012 年度判字第 201 號判決、高雄高等

行政法院 2011 年度訴字第 142 號判決）

案例特徵或參考指標

1. 重病投保、2. 躉繳投保、3. 鉅額投保、4. 短期投保、5. 保險給付相當於已繳保險費加計利息金額

案例 12

案例說明

　　被繼承人於 2003 年 10 月 3 日死亡，生前於 1995 年發現罹有輕度慢性腎臟病、輕度阻塞性換氣障礙、十二指腸發炎、萎縮性胃炎等疾病，嗣於 1999 年 5 月 28 日及 2000 年 1 月 1 日，以其本人為要保人及被保險人，指定子女、孫子女及媳婦為滿期及身故受益人，投保養老保險 2 筆（投保時 80 歲），保險費分 6 期繳納，截至被繼承人死亡日止已繳保費 7,206,420 元；另於 2000 年 5 月 9 日投保年金保險 10 筆，躉繳保險費 10,950,000 元，受益人所獲得保險給付 17,884,816 元。（高雄高等行政法院 2011 年度訴字第 247 號判決）

案例特徵或參考指標

1. 躉繳投保、2. 高齡投保、3. 密集投保、4. 保險給付相當於已繳保險費

案例 13

案例說明

　　被繼承人於 2005 年 9 月 3 日死亡，生前於 2000 年 3 月 15 日經醫院診斷罹患帕金森氏症，且 2004 年 8 月至死亡日止係處於重病狀態而無自行處理事務之能力，其於 2001 年 3 月 9 日投保終身壽險，保險金額 10,000,000 元，躉繳保險費 11,147,000 元。（台北高等行政法院 2010 年度訴字第 616 號判決）

案例特徵或參考指標

1. 重病投保、2. 躉繳投保、3. 短期投保、4. 已繳保險費高於保險金額

案例 14

案例說明

　　被繼承人於 2007 年 1 月 1 日死亡，死亡前 2 年半（投保時 78-80 歲高齡）密集投保 26 筆保單，其中 1 筆養老保險，投保內容為 6 年滿期給付保險金予被繼承人本人及身故保險金

給付指定受益人，保險金額 1,500,000 元，繳納保險費 2,986,335 元。另於近 80 歲高齡，身體狀況不佳之情況下，不到 2 個月內，投保 22 筆迄 94 歲始能領取之養老保險，支出保險費 6,000 萬元，保險金額 6,100 萬元，迄其死亡後，受益人取得之保險金約為已繳保險費總額。（台北高等行政法院 2009 年度訴字第 446 號判決）

案例特徵或參考指標

1. 帶病投保、2. 躉繳投保、3. 高齡投保、4. 密集投保、5. 鉅額投保、6. 短期投保、7. 已繳保險費高於保險金額

案例 15

案例說明

　　被繼承人 2007 年 6 月 8 日死亡，生前於 2004 年 1 月至 2005 年 3 月間，陸續以其本人為要保人及被保險人，指定其子為身故保險金之受益人，共投保 4 筆人壽保險，躉繳保險費 148,209,331 元，其繳納保費大部分資金來自售地餘款及向繼承人借貸而來；被繼承人生前投保時有高血壓、糖尿病及前列腺癌服藥控制等病況。（高雄高等行政法院 2011 年度訴字第 584 號判決）

案例特徵或參考指標

1. 重病投保、2. 躉繳投保、3. 舉債投保、4. 鉅額投保

案例 16

案例說明

　　被繼承人於 2006 年 12 月 3 日死亡，生前於 2006 年 2 月間至 6 月間投保人壽保險（投資型保單）3 筆，以本人為要保人及被保險人，指定繼承人為身故受益人，以躉繳方式繳納保險費共 6,885,000 元，其繳納保費部分資金來自售地餘款；被繼承人投保時年齡 75 歲，其於投保前有失智、記憶障礙、憂鬱症及曾罹患腦中風等病況。（最高行政法院 2011 年度判字第 574 號判決）

案例特徵或參考指標

1. 帶病投保、2. 躉繳投保、3. 高齡投保、4. 短期投保

案例 17

案例說明

　　被繼承人於 2005 年 6 月 29 日死亡，生前於 2002 年 7 月至 8 月間以其本人為要保人及被保險人投保人壽保險，指定其子及媳婦為受益人，躉繳保險費 223,083,425 元，投保時年齡 81 歲，其中 26.6% 保費資金來源係向銀行貸款，投保時健康狀況不佳且長期藥物治療，投保前更因腦力顯著退化，陷入憂鬱狀態。（最高行政法院 2011 年度判字第 726 號判決、2012 年度判字第 205 號判決）

案例特徵或參考指標

1. 帶病投保、2. 躉繳投保、3. 高齡投保、4. 鉅額投保、5. 舉債投保、6. 短期投保、7. 已繳保險費高於保險金額

案例 18

案例說明

　　被繼承人於 2006 年 9 月 18 日因肝癌及敗血性休克死亡，生前於 2000 年間經診斷有肝炎、肝硬化及肝癌，並於 2000 年 5 月至 2006 年 9 月間住院 6 次治療，其於 2003 年 12 月 8 日投保人壽保險（投資型保單）（投保時 72 歲），以本人為要保人及被保險人，指定其子女為身故受益人，躉繳保險費 12,000,000 元，受益人所獲保險理賠金為 12,085,845 元。（高雄高等行政法院 2008 年度訴字第 771 號判決）

案例特徵或參考指標

1. 重病投保、2. 鉅額投保、3. 保險給付相當於已繳保險費

案例 19

案例說明

　　被繼承人於 2005 年 4 月 11 日死亡，生前於 2004 年 5 月間經診斷罹患肺小細胞癌，於 2004 年 7 月 16 日投保人壽保險（投保時 72 歲），以本人為要保人及被保險人，指定繼承人為身故受益人，躉繳保險費 30,000,000 元，受益人所獲身故保險給付為 29,707,690 元。（台北高等行政法院 2008 年度訴字第 2275 號判決）

案例特徵或參考指標

1. 重病投保、2. 躉繳投保、3. 鉅額投保、4. 短期投保、5. 保險給付低於已繳保險費

【附錄二】癌症保險之「癌症」定義

定義	說明
「癌症」，係指組織細胞有惡性細胞不斷生長、擴張及對組織侵害的特性之惡性腫瘤或惡性白血球過多症，經病理檢驗確定符合最近採用之「國際疾病傷害及死因分類標準」版本歸屬於惡性腫瘤或原位癌之疾病。 **癌症（初期）** 一、原位癌或零期癌。 二、第一期惡性類癌。 三、第二期（含）以下且非惡性黑色素瘤之皮膚癌（包括皮膚附屬器癌及皮纖維肉瘤）。 **癌症（輕度）** 一、慢性淋巴性白血病第一期及第二期（按Rai 氏的分期系統）。 二、10公分（含）以下之第一期何杰金氏病。 三、第一期前列腺癌。 四、第一期膀胱乳頭狀癌。 五、甲狀腺微乳頭狀癌（微乳頭狀癌是指在甲狀腺內1公分（含）以下之乳頭狀癌）。 六、邊緣性卵巢癌。 七、第一期黑色素瘤。 八、第一期乳癌。 九、第一期子宮頸癌。 十、第一期大腸直腸癌。 **癌症（重度）** 癌症（初期）和癌症（輕度）以外之癌症。	1. 參考金管會104年7月23日金管保壽字第10402546500號函核定 之「保險業重大疾病項目及標準定義修正案」，有關重大疾病項目及定義（乙型）中之癌症（輕度）定義中所列之除外項目，增訂癌症（初期）之定義。 2. 參照保險業重大疾病項目及定義（乙型）中之癌症（輕度）之分類項目及定義，增訂癌症（輕度）項目及內容。 3. 另將癌症（初期）和癌症（輕度）以外之惡性腫瘤定義為癌症（重度）。

國家圖書館出版品預行編目資料

一生平安的保險規畫：教你分齡買對保險，兼
顧理財和保障/吳鴻麟著.--修訂初版.--臺北市：
城邦商業週刊, 2019.04
　　面；　　公分
ISBN 978-986-7778-59-8（平裝）

1.保險 2.保險規劃 3.理財

563.7　　　　　　　　　　　　　　108004398

一生平安的保險規畫
教你分齡買對保險，兼顧理財和保障（增訂版）

作者	吳鴻麟
商周集團榮譽發行人	金惟純
商周集團執行長	郭奕伶
視覺顧問	陳栩椿
商業周刊出版部	
總編輯	余幸娟
責任編輯	陳瑤蓉、錢滿姿
協力編輯	胡湘湘
封面設計	劉麗雪
內頁設計、排版	米栗點舖有限公司、中原造像股份有限公司
出版發行	城邦文化事業股份有限公司-商業周刊
地址	104台北市中山區民生東路二段141號4樓
傳真服務	（02）2503-6989
劃撥帳號	50003033
戶名	英屬蓋曼群島商家庭傳媒股份有限公司城邦分公司
網站	www.businessweekly.com.tw
製版印刷	中原造像股份有限公司
總經銷	聯合發行股份有限公司　電話：（02）2917-8022
初版1刷	2017年3月
修訂初版1刷	2019年4月
修訂初版3.5刷	2021年9月
定價	320元
ISBN	978-986-7778-59-8（平裝）

藍學堂

學習・奇趣・輕鬆讀